上《じょう》手《ず》に耳《みみ》を使《つか》ってお話《はなし》聞《き》いたよ！

こども お金《かね》の教《きょう》科《か》書《しょ》

こばやしてるひろ

朝日学生新聞社

もくじ

この本《ほん》の案内《あんない》をするお友《とも》だちだよ！
デモ
トワ
ケド

はじめに

みんな、こんにちは！
この教科書《きょうかしょ》の作者《さくしゃ》・こばやしてるひろです。
この本《ほん》は、どうやったら上手《じょうず》につきあったらいいのか大人《おとな》にとっても難《むずか》しい「お金《かね》」についての教科書《きょうかしょ》です。

ぼくたちが暮《く》らしている21世紀《せいき》の地球《ちきゅう》では、大切《たいせつ》な約束《やくそく》ごとがあります。それは「お金《かね》」と呼《よ》ばれる一定《いってい》の価値《かち》を全員《ぜんいん》で約《やく》束《そく》していること！　地球《ちきゅう》のみんなが約束《やくそく》をしているのです。これはとても大切《たいせつ》で、たぶん絶対《ぜったい》に変《か》わらない世界共通《せかいきょうつう》の約束《やくそく》ごとです。

「お金《かね》」は、とても大切《たいせつ》な存在《そんざい》です。その「お金《かね》」には、かせぎ方《かた》、ため方《かた》、支払《しはら》い方《かた》、役《やく》に立《た》て方《かた》という、大《おお》きく分《わ》けると四《よっ》つもの顔《かお》があります。たくさんの顔《かお》があるということは、良《よ》いところも、悪《わる》いところもあるということです。

この『こども　お金《かね》の教科書《きょうかしょ》』では、ぼくが大切《たいせつ》にしている先輩《せんぱい》や仲間《なかま》に「お金《かね》」について教《おし》えてもらいながら、みんなと

はじめに・序文《じょぶん》

一緒《いっしょ》に「お金《かね》」について考《かんが》えます。ぼくの心強《こころづよ》い友《とも》だち『永遠《とわ》物語《ものがたり》』に登場《とうじょう》するトワたちも一緒《いっしょ》です。だから、難《むずか》しく思《おも》ったり、不安《ふあん》になったりしないでね。はじめはみんなわからないし、大人《おとな》でも全部《ぜんぶ》わかっているわけではないから。学校《がっこう》の勉強《べんきょう》と同《おな》じように、道《みち》をひらくのはいつだって好奇心《こうきしん》！

「お金《かね》」には、「切磋琢磨《せっさたくま》」という言葉《ことば》がぴったり似合《にあ》います。「お金《かね》」は、どんどん変化《へんか》して、どんどんみがかれて、進歩《しんぽ》していきます。「お金《かね》」が進歩《しんぽ》していくなら、使《つか》う側《がわ》であるぼくたちも「切磋琢磨《せっさたくま》」することが大切《たいせつ》です。

この教科書《きょうかしょ》で勉強《べんきょう》することがらは、家庭《かてい》や学校《がっこう》で使《つか》われるルールの基本《きほん》とかくし味《あじ》になります。基本《きほん》を知《し》ることが何事《なにごと》においても上達《じょうたつ》の近道《ちかみち》です。そして、かくし味《あじ》はとてもすてきな武器《ぶき》になるでしょう。

よくわからないのは大人《おとな》も一緒《いっしょ》。みんなはこれまで知《し》るきっかけがなかっただけで、不安《ふあん》がる必要《ひつよう》はありません。考《かんが》えるきっかけを好奇心《こうきしん》から生《う》み出《だ》していきましょう。きっかけは好奇心《こうきしん》から始《はじ》まります。

みなさんは、楽器《がっき》を抱《かか》えた音楽家《おんがくか》が置《お》いた帽子《ぼうし》の中《なか》に、一人《ひとり》の少女《しょうじょ》がコインを入《い》れると演奏《えんそう》が始《はじ》まる動画《どうが》を見《み》たことがありますか。たった1枚《まい》の「お金《かね》」が、一瞬《いっしゅん》にしてその場《ば》を優《やさ》しくし、笑顔《えがお》と感動《かんどう》を生《う》みました。この動画《どうが》を『こども　お金《かね》の教科書《きょうかしょ》』のはじめの言葉《ことば》としてみなさんにプレゼントします。

　では一緒《いっしょ》に楽《たの》しんでいこう！　一緒《いっしょ》に「切磋琢磨《せっさたくま》」していこう！

読者《どくしゃ》のみんな　保護者《ほごしゃ》の皆様《みなさま》へ

Sabadell

スペインにある素敵《すてき》なサバディ銀行《ぎんこう》

スペインの「サバディ銀行《ぎんこう》」が130周《しゅう》年《ねん》を記念《きねん》して作成《さくせい》した動画《どうが》は、ある少女《しょうじょ》が寄付《きふ》をした1枚《まい》のコインから始《はじ》まる感《かん》動《どう》の物語《ものがたり》。お金《かね》を使《つか》う意義《いぎ》や目的《もくてき》を物語《ものがたり》として教《おし》えてくれます。『こども　お金《かね》の教科書《きょうかしょ》』にぴったりの素敵《すてき》な物語《ものがたり》です。繰《く》り返《かえ》し見《み》て学《まな》んでください。

序文《じょぶん》　お金《かね》は世界《せかい》をつなぐ言葉《ことば》　橋本新《はしもとしん》

橋本新《はしもとしん》です。私《わたし》は、「米国公認会計士《べいこくこうにんかいけいし》」という仕事《しごと》をしている二人《ふたり》の子《こ》どもを持《も》つ父親《ちちおや》です。

みなさんは「はじめに」で、著者《ちょしゃ》のこばやしてるひろさんから教《おし》えてもらった動画《どうが》を見《み》ましたか？　この動画《どうが》の舞台《ぶたい》はスペインのサバディという町《まち》です。演奏《えんそう》が始《はじ》まると、チェロやバイオリンなどの演奏者《えんそうしゃ》が次々《つぎつぎ》に現《あらわ》れ、大《おお》きなオーケストラに……。最後《さいご》には合唱《がっしょう》まで加《くわ》わりました。その場《ば》にいた観衆《かんしゅう》だけでなく、この動画《どうが》を見《み》た世界中《せかいじゅう》の人《ひと》たちに感動《かんどう》を与《あた》えました。

このように少女《しょうじょ》の１枚《まい》のお金《かね》から、世界中《せかいじゅう》が感動《かんどう》する奇跡《きせき》のような時間《じかん》が生《う》まれたのです。これはスペインのサバディ銀行《ぎんこう》による創業《そうぎょう》１３０周年記念《しゅうねんきねん》のサプライズ企画《きかく》でした。

さて、みなさんは、どんなことにお金《かね》を使《つか》いたいですか？

この『こども　お金《かね》の教科書《きょうかしょ》』を読《よ》んで、「いかにお金《かね》を使《つか》うべきか」ということを考《かんが》えてみてください。この「いかにお金《かね》を使《つか》うか」という問《と》いかけの答《こた》えには、機械化《きかいか》の進《すす》む現代《げんだい》において、人間的《にんげんてき》な営《いとな》みの余地《よち》があると思《おも》います。

動画《どうが》の少女《しょうじょ》は、路上《ろじょう》の帽子《ぼうし》にチップ（お金《かね》）を入《い》れることを選《えら》びました。有意義《ゆういぎ》な使《つか》い方《かた》を考《かんが》え、そして実行《じっこう》することは、金額《きんがく》の大《おお》きさに関《かか》わらず、大《おお》きな喜《よろこ》びを生《う》み出《だ》すこともあるのです。

また、お金《かね》の使《つか》い方《かた》を考《かんが》えるためには、自分《じぶん》ではなく周囲《しゅうい》のことを考《かんが》えなければなりません。周囲《しゅうい》のことを考《かんが》えることは、とても大切《たいせつ》なことだと思《おも》います。

奇跡《きせき》を生《う》み出《だ》した、このお金《かね》とは一体何《いったいなん》でしょうか？　私《わたし》は、お金《かね》と言葉《ことば》がすごく似《に》ていると感《かん》じています。私《わたし》は米国公認会《べいこくこうにんかい》計士《けいし》という仕事《しごと》を、アメリカと日本《にほん》でしています。アメリカと日本《にほん》は、「言葉《ことば》」は英語《えいご》と日本語《にほんご》、「お金《かね》」はドルと円《えん》、それぞれちがう言葉《ことば》とお金《かね》を使《つか》っています。私《わたし》がアメリカで日本語《にほんご》を話《はな》しても、ほとんどの人《ひと》には伝《つた》わりません。同《おな》じように、私《わたし》がアメリカで日本円《にほんえん》を使《つか》おうとしても、ほとんどの所《ところ》で使《つか》えません。それはなぜでしょうか？

それは、言葉《ことば》も、お金《かね》も、共通認識《きょうつうにんしき》（みんなとの約束《やくそく》）の上《うえ》に成《な》り立《た》っているからです。みなさんの知《し》っている「ありがとう」という日本語《にほんご》も、相手《あいて》とおたがいに「こういう意味《いみ》で使《つか》おう！」と約束《やくそく》していなければ、「ありがとう」も意味《いみ》が通《つう》じません。

同《おな》じように、外国《がいこく》で日本《にほん》の千円札《せんえんさつ》を出《だ》しても、「この紙《かみ》は何《なに》？」と言《い》われてしまうだけで、買《か》い物《もの》もできません。日本《にほん》では、千《せん》円札《えんさつ》はこれくらいの価値《かち》だよと約束《やくそく》されているからこそ買《か》い物《もの》に使《つか》えるのです。お金《かね》とは、何《なに》かを考《かんが》える上《うえ》で、この共通認識《きょうつうにんしき》としてのみなさんとの約束《やくそく》はとても大切《たいせつ》なのです。

お金《かね》はとても大切《たいせつ》です。お金《かね》があれば、おいしいものを食《た》べることも、すてきな服《ふく》を手《て》に入《い》れることもできます。

でも、お金《かね》を成《な》り立《た》たせているみなさんとの約束《やくそく》は、必《かなら》ずしもいつも絶対《ぜったい》これ！と決《き》まっているわけではありません。今日《きょう》、千円《せんえん》で買《か》えたものが、明日《あす》には約束《やくそく》ごとが変《か》わってしまい、買《か》えなくなっているかもしれません。逆《ぎゃく》に、高《たか》いお金《かね》も払《はら》わないと見《み》られないものが、1枚《まい》のお金《かね》で見《み》られてしまうこともあります。そう、帽子《ぼうし》にコインを投《な》げ入《い》れた少女《しょうじょ》が奇跡《きせき》を起《お》こしたようにです。その意味《いみ》で、お金《かね》はとても大切《たいせつ》なものであると同時《どうじ》に、お金《かね》だけが大切《たいせつ》なわけではありません。

そして、お金《かね》は不安定《ふあんてい》なものであると同時《どうじ》に、なくてはならないものでもあります。大人《おとな》にとっても、お金《かね》は難《むずか》しい存在《そんざい》なのです。だからこそ、お金《かね》に興味《きょうみ》を持《も》ち、勉強《べんきょう》してほしいのです。大人《おとな》である私《わたし》たちにとっても難《むずか》しい存在《そんざい》だからこそ、お金《かね》について知《し》ってほしいのです。

動画《どうが》の中《なか》の少女《しょうじょ》のように、自分《じぶん》も他人《たにん》も喜《よろこ》ばせることができる。そんなお金《かね》の使《つか》い方《かた》を、大人《おとな》である私《わたし》たちと一緒《いっしょ》に考《かんが》えて学《まな》んでくれる子《こ》が増《ふ》えてくれれば心《こころ》からうれしいです。

第《だい》1章《しょう》

お金《かね》って何《なに》？

お話《はなし》を聞《き》いた人《ひと》

ビザ・ワールドワイド・ジャパン（株《かぶ》）

広報部部長《こうほうぶぶちょう》

濱田《はまだ》　昌子《まさこ》さん

広報部《こうほうぶ》ディレクター

加藤《かとう》　明子《あきこ》さん

新技術推進部《しんぎじゅつすいしんぶ》テクニカルデベロップメントディレクター

今田《いまだ》　和成《かずなり》さん

学校《がっこう》にお金《かね》の授業《じゅぎょう》はないの？

日本《にほん》の子《こ》どもたちは、中学《ちゅうがく》や高校《こうこう》でお金《かね》のことを学《まな》んでいますが、大学生《だいがくせい》になってみると「そんなこと習《なら》ったっけ？」という人《ひと》が多《おお》くみられます。それはどうしてでしょう？

大学生《だいがくせい》になって「教《おそ》わったかな？」と感《かん》じる人《ひと》が多《おお》い理由《りゆう》は、家庭《かてい》や学校《がっこう》でお金《かね》のことを考《かんが》える機会《きかい》が少《すく》なかったからかもしれません。

そこが子《こ》どもと一緒《いっしょ》に、お父《とう》さんやお母《かあ》さんも考《かんが》えようという、この教科書《きょうかしょ》を作《つく》る意味《いみ》でもあるんです。

お金《かね》の問題《もんだい》は年齢《ねんれい》に関係《かんけい》なく、一緒《いっしょ》に考《かんが》えることが大切《たいせつ》なきっかけになります。なぜなら大人《おとな》だからといって、上手《じょうず》につきあって、使《つか》いこなせているとは限《かぎ》らないのですから。

この章《しょう》では、「VISA《ビザ》」というクレジットカードを柱《はしら》とした国際《こくさい》ブランドを日本《にほん》で展開《てんかい》している濱田《はまだ》さん、加藤《かとう》さん、今《いま》田《だ》さんに、進化《しんか》しているお金《かね》について教《おし》えてもらいました。

君たちの年齢から使える「プリペイドカード」についてお話しするので、この本を読み終わった後、ぜひ親御さんと一緒に世の中にはどんな決算システムがあるのか調べて、また、実践もしてみてね。

● 進化《しんか》する「お金《かね》」

VISA《ビザ》では、お金《かね》の支払《しはら》いに関《かん》する技術《ぎじゅつ》、中《なか》でも最新《さいしん》のテクノロジーを活用《かつよう》して、もっと便利《べんり》に、もっと簡単《かんたん》に、そして、最《もっと》も安心《あんしん》、安全《あんぜん》な決済《けっさい》環境《かんきょう》を作《つく》り続《つづ》けています。

日本《にほん》は、世界《せかい》と比《くら》べてみても、お金《かね》を上手《じょうず》にあつかっている国《くに》です。そのような歴史《れきし》を背景《はいけい》に、昔《むかし》から日本独自《にほんどくじ》の方法《ほうほう》でお金《かね》の流《なが》れを作《つく》り上《あ》げてきました。このような視点《してん》から歴史《れきし》の勉《べん》強《きょう》をするのもおもしろいですね。お金《かね》というのは、本来《ほんらい》それぞれの国《くに》の歴史《れきし》や環境《かんきょう》とつながっているからです。

ちなみに日本《にほん》は、治安《ちあん》が良《よ》いことなどの理由《りゆう》から、現金《げんきん》を使《つか》った買《か》い物《もの》の割合《わりあい》が、先進国《せんしんこく》の中《なか》でも、ずばぬけて多《おお》いのが特徴《とくちょう》です。これは国民性《こくみんせい》もそうですが、長《なが》い歴史《れきし》の中《なか》で培《つちか》われてきた心持《こころも》ち、道徳《どうとく》が作《つく》り上《あ》げてきたものです。日本《にほん》ががんばってきた、そして、がんばっている証《あかし》でもあるのです。治安《ちあん》や道徳《どうとく》は、一人《ひとり》では作《つく》れないですから。

【決済】 決済とは、お金を支払うこと。売買を完了すること。

お金《かね》を学《まな》ぶきっかけは好奇心《こうきしん》

日本《にほん》の大学《だいがく》とアメリカの大学《だいがく》で「お金《かね》に関《かん》して学校《がっこう》で習《なら》ったことがありますか？」という質問《しつもん》を学生《がくせい》にした時《とき》に、日本《にほん》とアメリカでは大《おお》きな意識《いしき》の差《さ》がありました。日本《にほん》の学生《がくせい》の場合《ばあい》は、勉強《べんきょう》ではないという理由《りゆう》から、興味《きょうみ》や意識《いしき》を持《も》つことが難《むずか》しかったからなのかもしれません。仕事《しごと》やお金《かね》をかせぐことを考《かんが》えるのは、お父《とう》さんやお母《かあ》さんたち大人《おとな》の仕事《しごと》で、そんなことは子《こ》どもは考《かんが》えなくていいという考《かんが》え方《かた》があったからですね。

でも、序文《じょぶん》でも触《ふ》れているように、世界《せかい》はお金《かね》という価値《かち》と言葉《ことば》でつながっています。いろいろな技術《ぎじゅつ》の進歩《しんぽ》で世界《せかい》はつながりを深《ふか》くしていて、今《いま》までのように子《こ》どもだから考《かんが》えなくていいということは少《すく》なくなりました。お金《かね》は共通《きょうつう》の言葉《ことば》であり、道具《どうぐ》ですから、早《はや》くから興味《きょうみ》を持《も》って触《ふ》れ合《あ》うことが大切《たいせつ》になってくるのです。

そこで、お金《かね》を考《かんが》える上《うえ》で大切《たいせつ》なルールを考《かんが》えてみましょう。

お金《かね》のルールって何《なに》？

　お金《かね》はわいてくるものではありません。手《て》に入《い》れるためには、お父《とう》さんやお母《かあ》さんたちが一生懸命《いっしょうけんめい》に時間《じかん》や心《こころ》、体《からだ》を使《つか》っています。これは体感《たいかん》でわかってしまうこと。お金《かね》は本来《ほんらい》、楽《らく》をして手《て》に入《はい》るものではないものなのです。同時《どうじ》に、お金《かね》を持《も》つことで、楽《たの》しいことと面倒《めんどう》なことが一緒《いっしょ》に起《お》きます。

　みんなは、お年玉《としだま》やおこづかい、お手伝《てつだ》いへのごほうびとしてお金《かね》を手《て》にしますね。そうして得《え》たお金《かね》は、貯金《ちょきん》をしたり、欲《ほ》しいものを買《か》ったりしているでしょう。お金《かね》の使《つか》い方《かた》にもそれぞれの性格《せいかく》が出《で》て、一気《いっき》に使《つか》ってしまう人《ひと》もいれば、欲《ほ》しいもののために貯金《ちょきん》をする人《ひと》もいます。これは、気持《きも》ちや考《かんが》え方《かた》がちがうだけで、どれも正解《せいかい》だといえます。

　でも、お金《かね》の世界《せかい》では、持《も》っている以上《いじょう》に使《つか》うことや、お金《かね》が手《て》に入《はい》る予定《よてい》もないのに使《つか》うことはできません。これは、算《さん》数《すう》の足《た》し算《ざん》と引《ひ》き算《ざん》の考《かんが》え方《かた》と同《おな》じです。数字《すうじ》では、存在《そんざい》するマイナスという考《かんが》え方《かた》は、お金《かね》の世界《せかい》の中《なか》では良《よ》いことではありません。

お金《かね》には「目《め》に見《み》えるお金《かね》」と「目《め》に見《み》えないお金《かね》」がある

お金《かね》は二《ふた》つに大《おお》きく分《わ》けられます。それは「目《め》に見《み》えるお金《かね》」と「目《め》に見《み》えないお金《かね》」です。

「目《め》に見《み》えるお金《かね》」は、「現金《げんきん》」と呼《よ》ばれます。日本《にほん》では、治安《ちあん》が良《よ》いことなどから安心《あんしん》してお金《かね》を使《つか》うことができる環境《かんきょう》がありますので、先進国《せんしんこく》の中《なか》でも一番《いちばん》と言《い》われるほど、現金《げんきん》を使《つか》ってのお買《か》い物《もの》が行《おこな》われています。これはとてもすばらしいこと。長《なが》くこの国《くに》の治安《ちあん》や安全《あんぜん》を守《まも》って維持《いじ》してきたから続《つづ》けられることです。

もう一《ひと》つは、「目《め》に見《み》えないお金《かね》」です。これは「デビットカード」や「クレジットカード」と呼《よ》ばれる支払《しはら》い手段《しゅだん》に代表《だいひょう》されます。みんなは、お父《とう》さんやお母《かあ》さんが使《つか》っているところを見《み》たことがあるかな。目《め》に見《み》えないお金《かね》は、海外《かいがい》では安全性《あんぜんせい》や便《べん》

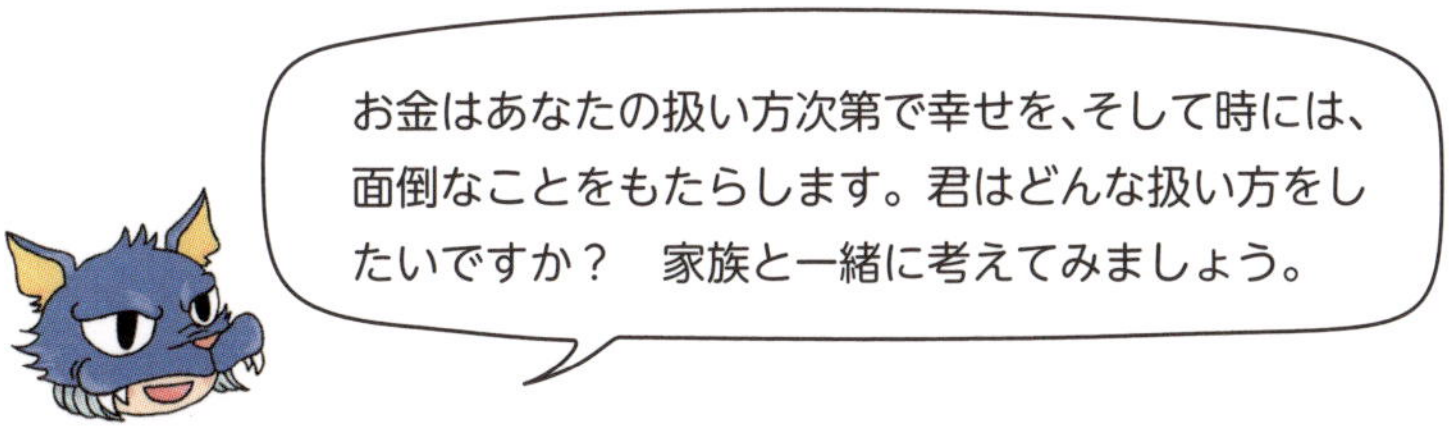
お金はあなたの扱い方次第で幸せを、そして時には、面倒なことをもたらします。君はどんな扱い方をしたいですか？　家族と一緒に考えてみましょう。

利《り》さから多《おお》くの人《ひと》が使《つか》っています。治安《ちあん》の良《よ》い日本《にほん》では、カードを使《つか》う人《ひと》の数《かず》がそんなに多《おお》くない理由《りゆう》の一《ひと》つです。

ちなみに、目《め》に見《み》えないお金《かね》は、大人《おとな》でも上手《じょうず》につきあうことができない人《ひと》がたくさんいます。上手《じょうず》に使《つか》えないものを人《ひと》はこわがります。だから、今《いま》もクレジットカードなどの目《め》に見《み》えないお金《かね》に関《かん》して、必要以上《ひつよういじょう》にこわがって、使《つか》わない人《ひと》が多《おお》くいます。

「目《め》に見《み》えないお金《かね》」には得意技《とくいわざ》がある

目《め》に見《み》えないお金《かね》には得意技《とくいわざ》があります。それは、携帯電話《けいたいでんわ》やパソコンで、すぐに、とても正確《せいかく》に、「いつ、何《なに》にお金《かね》を使《つか》って、それが今《いま》どのぐらいの合計《ごうけい》になっているのか?」がわかることです。

これはとてもすごいことなのです。目《め》に見《み》えないお金《かね》の方《ほう》が、目《め》に見《み》えるお金《かね》よりも管理《かんり》しやすいのです。どのくらい何《なに》が

見《み》えるお金《かね》

見《み》て触《ふ》れることができる

重《おも》さを感《かん》じられる

形《かたち》が決《き》まっている

紙幣《しへい》・硬貨《こうか》

いつでも変身《へんしん》できるよ

見《み》えないお金《かね》

電子化《でんしか》されている

管理《かんり》しやすい

いろいろな形《かたち》で持《も》ち歩《ある》ける

見えるお金

○ よいところ

持《も》ってる感《かん》じがする。

あると幸《しあわ》せを感《かん》じる？

✕ 悪《わる》いところ

なくすと返《かえ》ってきにくい。

重《おも》くなることも。

見えないお金

○ よいところ

管理《かんり》しやすい。　なくしても安全《あんぜん》

（手続《てつづき》きをすれば返《かえ》ってくる※）

※カードをなくしたら再発行（さいはっこう）手続（てつづ）きが必要（ひつよう）です。不正利用（ふせいりよう）のお金（かね）が戻（もど）ってくるのにも条件（じょうけん）があります。

✕ 悪《わる》いところ

実感《じっかん》があまりない。

使《つか》うのに手続《てつづ》きがいる。

（手間《てま》がかかる）

※クレジットとデピットは発行（はっこう）の手続（てつづ）きがかかりますが、プリペイドはコンピニで簡単（かんたん）に買（か）えるものもあります。

残《のこ》っているのかを確認《かくにん》しやすいからです。

確認《かくにん》ができるということは、道具《どうぐ》であるお金《かね》をより上手《じょうず》に使《つか》うことができるということでもあります。世界《せかい》との共通語《きょうつうご》が上手《じょうず》に使《つか》えるようになるのは、英語《えいご》を上手《じょうず》に話《はな》せるようになるのと同《おな》じくらい大切《たいせつ》で貴重《きちょう》なことです。

目《め》に見《み》えないお金《かね》と子《こ》どものころから触《ふ》れ合《あ》うことができるみんなは、ひょっとしたら今《いま》の大人《おとな》よりも、もっと上手《じょうず》にお金《かね》という世界《せかい》をつなぐ言葉《ことば》と道具《どうぐ》を使《つか》えるかもしれません。そうなったらとてもすてきですね。

● お金《かね》を使《つか》いこなすには順番《じゅんばん》がある

世《よ》の中《なか》の多《おお》くの人《ひと》はお金《かね》が大好《だいす》きです。それは、お金《かね》がないと快適《かいてき》に楽《たの》しく過《す》ごすのに不便《ふべん》だからです。だから大人《おとな》はがんばって働《はたら》いているのです。日本《にほん》では、勤勉《きんべん》に一生懸命働《いっしょうけんめいはたら》くことをとても大切《たいせつ》にしますが、そういう歴史《れきし》や考《かんが》え方《かた》でお金《かね》が持《も》っている顔《かお》もどんどん増《ふ》えていきます。

大人《おとな》になり、たくさん仕事《しごと》をしてかせいでいる人《ひと》でも、お金《かね》の使《つか》い方《かた》は子《こ》どものころに教《おし》えてもらいました。はじめは、「お金《かね》を払《はら》う」ことから。算数《さんすう》の時間《じかん》に小銭《こぜに》やお札《さつ》の数《かぞ》え方《かた》を習《なら》った人《ひと》も多《おお》いでしょう。

お金《かね》を使《つか》いこなすためには順番《じゅんばん》があり、どんなに頭《あたま》の良《よ》い子《こ》どもでもしっかりと基本《きほん》を積《つ》み重《かさ》ねていくことが大切《たいせつ》です。

まず、おこづかいやお年玉《としだま》を上手《じょうず》に使《つか》うことを覚《おぼ》えること、そこからすべて始《はじ》まります。

日本《にほん》では、現金《げんきん》の教育《きょういく》からいきなりクレジットカードという順番《じゅんばん》でお金《かね》の支払《しはら》い方《かた》を学《まな》んでいきますが、金融教育《きんゆうきょういく》をしっかりと教《おし》える欧米《おうべい》では、見《み》えないお金《かね》にも3種類《しゅるい》の段階《だんかい》を用意《ようい》しています。それは、「プリペイドカード」→「デビットカード」→「クレジットカード」という順番《じゅんばん》で学《まな》んでいきます。この教《きょう》科書《かしょ》でも、この順番《じゅんばん》でお金《かね》に慣《な》れていくこと、親《した》しんでいくことが大切《たいせつ》だと考《かんが》えています。

どんなに科学技術《かがくぎじゅつ》が進《すす》み、安心《あんしん》して便利《べんり》にお金《かね》を使《つか》えるようになっても、使《つか》う側《がわ》がきちんと学《まな》んでいなければ、まちがいや不正《ふせい》が起《お》きてしまいます。使《つか》う側《がわ》の私《わたし》たちが、技術《ぎじゅつ》の進歩《しんぽ》や便《べん》利《り》さをもっと上手《じょうず》に生《い》かすことができればいいですね。

お金《かね》の勉強《べんきょう》は知《し》ることから

具体的《ぐたいてき》に三《みっ》つのルールを生《い》かしてお金《かね》の勉強《べんきょう》をしましょう。

〈三《みっ》つのルール〉

ルール1　お金《かね》には「目《め》に見《み》えるお金《かね》」と「目《め》に見《み》えないお金《かね》」がある

ルール2　目《め》に見《み》えないお金《かね》には得意技《とくいわざ》がある

ルール3　お金《かね》を使《つか》いこなすには順番《じゅんばん》がある

「三《みっ》つのルール」を知《し》っているみんなは、お金《かね》にいろいろな顔《かお》があることを知《し》っています。お金《かね》には、楽《たの》しいことだけでなく、責任《せきにん》やちょっぴり面倒《めんどう》なこともあります。例《たと》えば、年齢制限《ねんれいせいげん》ということ。日本《にほん》では、子《こ》どもは働《はたら》くことができないので、保護者《ほごしゃ》の管理下《かんりか》でしかお金《かね》に触《ふ》れ合《あ》うことができないなど、さまざまな事情《じじょう》があります。

年齢制限《ねんれいせいげん》は大《おお》きく分《わ》けると三《みっ》つ

小学生《しょうがくせい》や中学生《ちゅうがくせい》のころまでは、現金《げんきん》とプリペイドカードに触《ふ》れる人《ひと》がほとんどです。

「プリペイドカード」は、事前《じぜん》に決《き》めた金額《きんがく》を使《つか》うことができる仕組《しく》みです。例《たと》えば、「Suica《スイカ》」や「PASMO《パスモ》」「nanaco《ナナコ》」などを指《さ》します。

現金《げんきん》を持《も》ち歩《ある》かなくていいので、安全《あんぜん》であり、使《つか》いすぎることがないので、「見《み》えないお金《かね》」を学《まな》ぶためにはピッタリです。みんなはまず、この「プリペイドカード」を上手《じょうず》に使《つか》えるようになりましょう。

次《つぎ》に、15歳《さい》以上《いじょう》から使《つか》えるのが「デビットカード」です。「デビットカード」は、自分《じぶん》で設定《せってい》した基地《きち》、つまり自分《じぶん》の銀行口《ぎんこうこう》座《ざ》の中《なか》にあるお金《かね》の分《ぶん》だけ使《つか》えるという仕組《しく》みです。

「デビットカード」は、自分自身《じぶんじしん》の銀行口座《ぎんこうこうざ》を作《つく》ることから始《はじ》まります。預金額《よきんがく》以上《いじょう》のお金《かね》を使《つか》うことができないので、安《あん》心《しん》して使《つか》うこともできますし、お金《かね》を「管理《かんり》」することもでき

【預金】 預金額の意味　銀行口座にお金を入れて預けてあるお金の金額のこと。

ます。今《いま》は、アプリや管理《かんり》ソフトが進化《しんか》しているので、「見《み》えないからこそ逆《ぎゃく》に安心《あんしん》できる」という環境《かんきょう》になりつつあります。もちろん使《つか》う側《がわ》のみんながお金《かね》と仲良《なかよ》くなっていることと、よく知《し》っていることが大切《たいせつ》です。

そして、大人《おとな》になると「クレジットカード」を持《も》てるようになります。「クレジットカード」は、持《も》っているお金《かね》が足《た》りなくても、使《つか》う側《がわ》の信用《しんよう》の大《おお》きさによって、使《つか》えるお金《かね》の量《りょう》が決《き》まります。例《たと》えば、A《エー》くんはカードで海外旅行《かいがいりょこう》に行《い》けるけど、B《ビー》くんは飛行機《ひこうき》のチケットが買《か》えないということが起《お》きます。これは、単《たん》にお金《かね》をたくさんかせいでいるから信用《しんよう》があるという話《はなし》ではないのです。

これまでお金《かね》に興味《きょうみ》を持《も》っていたり、使《つか》い方《かた》を上手《じょうず》にできたりする人《ひと》の方《ほう》が、大人《おとな》になってからいろいろなことが自由自在《じゆうじざい》にできるようになります。「クレジットカード」の色《いろ》で信用《しんよう》の大《おお》きさがちがいますので、色《いろ》に注目《ちゅうもく》してみるのもいいですね。いろいろな種類《しゅるい》があって、めずらしい色《いろ》のものもありますから、探《さが》してみてください。

【使う側の信用】 クレジットカードにおける信用とは、過去の支払い経歴を参考に、将来どれくらいの支払い能力があるかを評価すること。

プリペイド 0歳《さい》〜	購入《こうにゅう》またはチャージした金額《きんがく》のみ使《つか》える。 使《つか》い捨《す》て型《がた》とチャージ型《がた》がある。	nanaco《ナナコ》　Suica《スイカ》 PASMO《パスモ》　ICOCA《イコカ》

LEVEL《レベル》 UP《アップ》!

デビット 15歳《さい》〜（高校生以上《こうこうせいいじょう》）	銀行口座《ぎんこうこうざ》に入《はい》っている金額《きんがく》まで使《つか》える。 貯金《ちょきん》したい人は上限《じょうげん》を設定《せってい》して使《つか》おう。	VISA《ビザ》デビット ※デビッドカードは預金《よきん》している銀行《ぎんこう》から発行《はっこう》されるよ

LEVEL《レベル》 UP《アップ》!

クレジット 18歳《さい》〜	その人《ひと》の信用範囲《しんようはんい》（与信枠《よしんわく》）まで使《つか》える。 使《つか》ったぶんだけポイントなどがもらえてお得《とく》！	VISA《ビザ》　MasterCard《マスターカード》 JCB《ジェーシービー》　AMEX《アメックス》　Diners Club《ダイナースズクラブ》

…はやく大人《おとな》になりたい？？

みんながお金《かね》と仲良《なかよ》くなるために

三《みっ》つの中《なか》で、「プリペイドカード」と呼《よ》ばれるカード。これが、小学生《しょうがくせい》のみんなでも使《つか》うことができるカードです。でも、「何《なん》だぁ」なんて思《おも》わないこと。なぜなら、「プリペイドカード」は、その便利《べんり》さは群《ぐん》をぬいていて、種類《しゅるい》によっては世界中《せかいじゅう》で使《つか》うことができるからです。

例《たと》えば、「VISA《ビザ》」が発行《はっこう》している「プリペイドカード」は、世界中《せかいじゅう》で「クレジットカード」と同《おな》じように使《つか》うことができるので、修学旅行《しゅうがくりょこう》や家族旅行《かぞくりょこう》の時《とき》などにもとても便利《べんり》です。

それ以外《いがい》にも、交通機関《こうつうきかん》などで使《つか》う「Suica《スイカ》」や「PASMO《パスモ》」、コンビニで使《つか》う「nanaco《ナナコ》」も「プリペイドカード」です。自分《じぶん》のカードを持《も》つことは、お金《かね》を「安心《あんしん》して管理《かんり》できる」ようになります。お金《かね》はどんどん便利《べんり》になって、みんなのそばで待《ま》っていてくれるのです。

お金《かね》を「プリペイドカード」で支払《しはら》う時《とき》のコツは、全体《ぜんたい》の量《りょう》がどうなっているかを想像《そうぞう》すること。アイスクリームがあとど

【「プリペイドカード」と…】 カードにお金を補充することを「チャージ（= charge）する」と言います。残高が少なくなったら、次に使う前にチャージしておこう。チャージは英語だから「Charge please.」と言えば外国でも通じるよ。

【お金を「プリペイド…】 決済をした後に残っているお金の金額のことを残高といいます。残額ともいいます。

のぐらいあるか？　ジュースがあとどのぐらいあるのか？　これと同《おな》じです。いつもレシートやデータを確認《かくにん》して、想像《そうぞう》するくせをつけましょう。そうすると、欲《ほ》しいものができた時《とき》に、どのくらいの量《りょう》のお金《かね》と交換《こうかん》できるのかが想像《そうぞう》しやすくなります。また貯金《ちょきん》も上手《じょうず》にできるようになるでしょう。

「プリペイドカード」を使《つか》いこなせると、その次《つぎ》の目標《もくひょう》に向《む》かって、お金《かね》をためることがもっと簡単《かんたん》にできるようになります。やがて、自分自身《じぶんじしん》の銀行口座《ぎんこうこうざ》を持《も》ち、その口座《こうざ》とつながっている「デビットカード」を作《つく》れるようになります。そうなれば、この教科書《きょうかしょ》は卒業《そつぎょう》。立派《りっぱ》な大人《おとな》の仲間入《なかまい》りです。

お金《かね》は世界《せかい》をつなぐ共通語《きょうつうご》

2020年《ねん》、みんなも楽《たの》しみにしているオリンピックが日本《にほん》の東京《とうきょう》で開催《かいさい》されます。VISA《ビザ》では、オリンピックのオフィシャルスポンサーとして世界中《せかいじゅう》の人《ひと》たちが安心《あんしん》して楽《たの》しく、日《に》本《ほん》で旅行《りょこう》や買《か》い物《もの》、オリンピック観戦《かんせん》ができるように、「プリペイドカード」や「デビットカード」、「クレジットカード」を使《つか》う環境《かんきょう》やマナー、ルールをみなさんと一緒《いっしょ》に広《ひろ》めていきたいと考《かんが》えています。

お金《かね》は世界《せかい》をつなぐ共通語《きょうつうご》です。まずは「プリペイドカード」と仲良《なかよ》くなって、お金《かね》を使《つか》ったり、ためたりする楽《たの》しみを感《かん》じてください。お金《かね》に興味《きょうみ》を持《も》つきっかけは人《ひと》それぞれ。お金《かね》を安全《あんぜん》に、便利《べんり》に使《つか》うための技術《ぎじゅつ》は毎日進歩《まいにちしんぽ》をしています。

「見《み》えないお金《かね》」だからこそ管理《かんり》できる。「見《み》えないお金《かね》」だから安心《あんしん》できるという最先端《さいせんたん》のお金《かね》に対《たい》する知識《ちしき》をみんなが身《み》につけてくれたら、それは本当《ほんとう》にすてきなことです。

最後《さいご》に、お金《かね》は世界《せかい》とつながっていますから、あなたが使《つか》ったお金《かね》は世界《せかい》のどこかとつながっています。これはとても大切《たいせつ》なことで、上手《じょうず》に生《い》きたお金《かね》を使《つか》うことは、みんなのためだけではなく、世界中《せかいじゅう》につながり、新《あたら》しい笑顔《えがお》を作《つく》りだすことを忘《わす》れないでくださいね。

お金《かね》は不思議《ふしぎ》ですが、みんなが興味《きょうみ》と好奇心《こうきしん》を持《も》って学《まな》ぶことで、最《もっと》も大事《だいじ》な言葉《ことば》と道具《どうぐ》になってくれます。

【お金は不思議ですが…】 例えば海外に行ったら、現金だったら両替したりレートの違いを計算しないといけないけれど、クレジットなどの電子マネーだったらそのまま世界共通の決済方法としてすぐに決済できる。

お話《はなし》を聞《き》いた人《ひと》

モバイルＮＦＣ《エヌエフシー》協《きょう》議《ぎ》会《かい》事《じ》務《む》局《きょく》長《ちょう》

木下《きのした》　直樹《なおき》さん

進化《しんか》し続《つづ》ける「お金《かね》」

買《か》い物《もの》をすること、つまり支払《しはら》いの形式《けいしき》は、みんなが赤《あか》ちゃんからお兄《にい》ちゃん、お姉《ねえ》ちゃんになるまでの約《やく》10年間《ねんかん》で、すごい勢《いきお》いで進化《しんか》しました。昔《むかし》の歴史《れきし》なら300年分《ねんぶん》ぐらい一気《いっき》に進《すす》んでいる感《かん》じです。

大昔《おおむかし》の人々《ひとびと》は、欲《ほ》しいものを物々交換《ぶつぶつこうかん》で手《て》に入《い》れていました。やがて重《おも》たい石《いし》の硬貨《こうか》や貝殻《かいがら》のお金《かね》が生《う》まれました。

その後《ご》、それぞれの地域《ちいき》の政治《せいじ》を行《おこな》う人《ひと》たちが、自分《じぶん》たちの信用《しんよう》を背景《はいけい》に、金《きん》や銀《ぎん》、銅《どう》などの金属《きんぞく》を使《つか》った貨幣《かへい》や硬貨《こうか》を作《つく》るようになりました。たくさんの硬貨《こうか》を用意《ようい》すると、今度《こんど》はその重《おも》さが不便《ふべん》になりました。また、強盗《ごうとう》や争《あらそ》いなどから守《まも》るために、持《も》ち運《はこ》びをしやすい宝石《ほうせき》などを使《つか》うようになりました。

それでも実際《じっさい》にお金《かね》の取引《とりひき》をするには不便《ふべん》でした。偽物《にせもの》や価《か》値《ち》が人《ひと》によってちがう可能性《かのうせい》があるので、よほど頭《あたま》が良《よ》くて計《けい》算《さん》ができないと失敗《しっぱい》ばかりしてしまうからです。

その後《ご》、硬貨《こうか》は紙幣《しへい》や有価証券《ゆうかしょうけん》に変身《へんしん》します。これなら、偽《にせ》

【有価証券】 有価証券とはお金に代わるチケットのようなもので、その券自体に財産的価値があります。例えば商品券、手形、小切手、株券、債券、船荷証券などがあります。これらの有価証券ができたおかげで、権利の譲渡や移転が簡単かつ安全にできるようになりました。

物《もの》かどうかを確認《かくにん》するだけで、そのものの価値《かち》は全員《ぜんいん》で安心《あんしん》していられるからです。

この安心感《あんしんかん》が大《おお》きな地球《ちきゅう》を小《ちい》さく感《かん》じられるようにし、世界《せかい》中《じゅう》の人々《ひとびと》の距離《きょり》を縮《ちぢ》める役割《やくわり》を果《は》たしました。世界《せかい》をつなぐ言葉《ことば》になれたのです。

今《いま》は、進化《しんか》した結果《けっか》、信用取引《しんようとりひき》や株式取引《かぶしきとりひき》、クレジットカードや電子《でんし》マネーという新《あたら》しい技術《ぎじゅつ》とルールを生《う》み出《だ》しています。これは、みんなも楽《たの》しみにしているオリンピックが日本《にほん》で開催《かいさい》されるまでに、もっとスピードを上《あ》げて行《おこな》われていく現実《げんじつ》です。日本《にほん》の中《なか》も使《つか》いやすい親切《しんせつ》な環境《かんきょう》を作《つく》るためにどんどん変《か》わっていきます。

先《さき》を行《ゆ》く日本《にほん》の環境《かんきょう》

お金《かね》を使《つか》った支払《しはら》いや貯金《ちょきん》の仕方《しかた》は、便利《べんり》さと安全性《あんぜんせい》を高《たか》めながらどんどん変《か》わってきています。例《たと》えば、日本《にほん》とアメリカという国同士《くにどうし》の考《かんが》え方《かた》だけではなく、それぞれの地域《ちいき》の歴史《れきし》や商慣習《しょうかんしゅう》（商売《しょうばい》をする上《うえ》でのしきたり）などに大《おお》きな影響《えいきょう》を与《あた》えています。

私《わたし》たちが毎日目《まいにちめ》にしている、コンビニエンスストアや銀行《ぎんこう》、これほどまでたくさんのＡＴＭ《エーティーエム》（現金自動出入機《げんきんじどうしゅつにゅうき》）が普通《ふつう》に置《お》いてある国《くに》は、実《じつ》は日本《にほん》しかありません。日本《にほん》はとても治安《ちあん》が良《よ》いということと、お金《かね》に関《かん》しての道徳教育《どうとくきょういく》、マナー、責任感《せきにんかん》が世界《せかい》を見渡《みわた》しても例《れい》がないほどレベルが高《たか》いからです。そう、日本《にほん》はとっても進《すす》んでいるのです。

２０２０年《ねん》に開催《かいさい》される東京《とうきょう》オリンピックには、世界中《せかいじゅう》の人《ひと》が応援《おうえん》や観光《かんこう》と日本《にほん》を訪《おとず》れることになると思《おも》います。そして、多《おお》くの人《ひと》が日本《にほん》のすばらしい安全性《あんぜんせい》と進歩《しんぽ》に驚《おどろ》くはずです。実《じっ》際《さい》、お金《かね》に関《かん》しても世界《せかい》の中《なか》で最《もっと》もクリーンで、信頼《しんらい》のおける環境《かんきょう》であることにまちがいはありません。世界《せかい》には、コンビニや銀行《ぎんこう》の支店《してん》を展開《てんかい》することは治安《ちあん》の問題《もんだい》や環境《かんきょう》の問題《もんだい》で難《むずか》しい国《くに》がたくさんあるのです。

そう、日本《にほん》はみんなのお父《とう》さんやお母《かあ》さん、おじいちゃんやおばあちゃんたち、いろいろな人《ひと》たちの努力《どりょく》で、もともとすごく進《すす》んでいる環境《かんきょう》だったのです。これをよくみなさんは覚《おぼ》えて

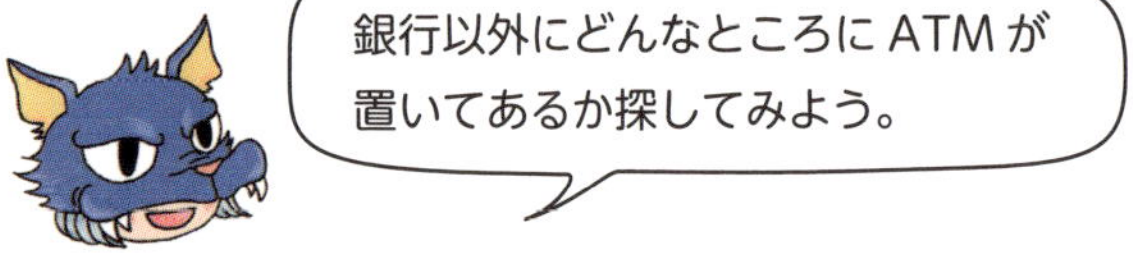
銀行以外にどんなところにATMが置いてあるか探してみよう。

おいてほしいですね。とても大切《たいせつ》で、感謝《かんしゃ》をして生《い》かすのはみなさんだからです。

さて、日本《にほん》の中《なか》ではソニーという会社《かいしゃ》が開発《かいはつ》した「フェリカ」というシステムが、今《いま》から10年《ねん》以上前《いじょうまえ》に生《う》まれました。

一方《いっぽう》で、2000年《ねん》にソニーを中心《ちゅうしん》として「ビットワレット」という会社《かいしゃ》が設立《せつりつ》され、フェリカというシステムを使《つか》った電子《でんし》マネー事業《じぎょう》を開始《かいし》しました。

ソニーが考《かんが》えた新《あたら》しい電子《でんし》マネーの名前《なまえ》は「Edy《エディー》」といいます。これは「ユーロ（euro）」、「ドル（dollar）」、「円《えん》（yen）」を組《く》み合《あ》わせた名前《なまえ》です。つまり、Edy《エディー》とは、「通貨《つうか》をこえる存在《そんざい》になりたい！」という思《おも》いがこめられているのです。

新《あたら》しいことを始《はじ》めるには、たくさんの努力《どりょく》とがまん、そして、時間《じかん》が必要《ひつよう》になります。もともと、フェリカというシステムは、世界的《せかいてき》に「NFC《エヌエフシー》」と呼《よ》ばれているシステムの親戚《しんせき》のようなものです。この二《ふた》つは、細《こま》かなところでちがいがあります。みなさんが大人《おとな》になるころには、何《なに》か新《あたら》しい名前《なまえ》になって、もっと便利《べんり》に進化《しんか》をしていることでしょう。

ソニーの非接触式通信フェリカ、というシステムで使える電子マネー Edy は日本だけの特別な仕組みです！

さて、この電子《でんし》マネーは、非接触《ひせっしょく》ＩＣ《アイシー》カード（ＮＦＣ《エヌエフシー》やフェリカ）という方法《ほうほう》で使《つか》うことが一番《いちばん》便利《べんり》に生活《せいかつ》の中《なか》で生《い》かすことができます。便利《べんり》な電子《でんし》マネーは、日本《にほん》では独自《どくじ》の進化《しんか》をしていて、ほとんどが「フェリカ」という形式《けいしき》で流通《りゅうつう》しています。

みなさんがよく使《つか》う、「Ｓｕｉｃａ《スイカ》」や「ＰＡＳＭＯ《パスモ》」「ｎａｎａｃｏ《ナナコ》」は、この「フェリカ」という形式《けいしき》を採用《さいよう》しています。そして、とても多《おお》くの人《ひと》が便利《べんり》にそして安全《あんぜん》に利用《りよう》しています。ちなみに、世界《せかい》の多《おお》くの人《ひと》は「フェリカ」とはちがう「ＮＦＣ《エヌエフシー》」を利用《りよう》していますから、オリンピックに向《む》けていろいろなお店《みせ》で「ＮＦＣ《エヌエフシー》」という単語《たんご》を見《み》かけるようになるかもしれませんね。

このように電子《でんし》マネーは、みんなの身近《みぢか》にすでにたくさん存《そん》在《ざい》しているのです。

「フェリカ」って何《なん》だろう？

「フェリカ」は、ソニーという会社《かいしゃ》が何年《なんねん》もかけて作《つく》り上《あ》げ

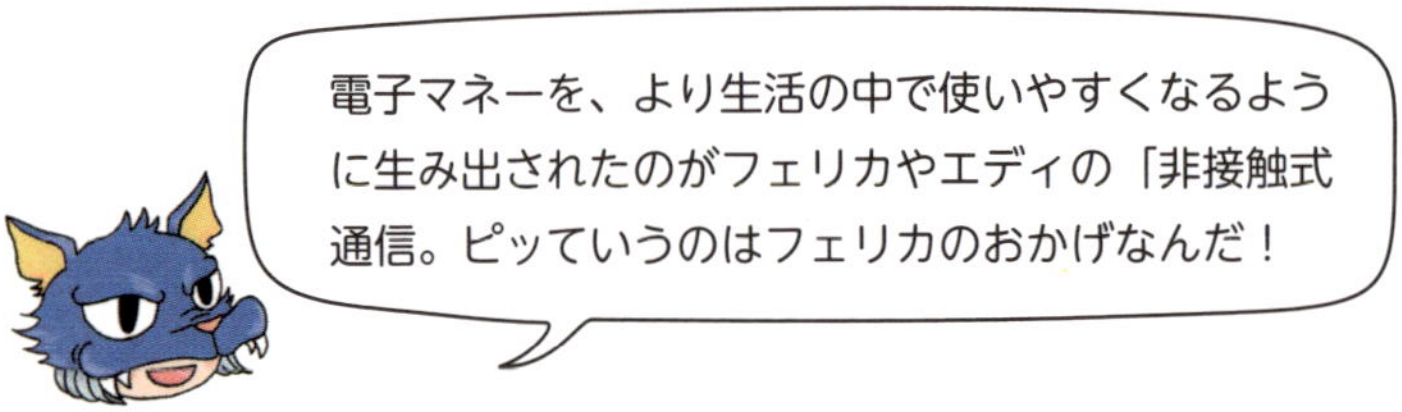
電子マネーを、より生活の中で使いやすくなるように生み出されたのがフェリカやエディの「非接触式通信。ピッていうのはフェリカのおかげなんだ！

た非接触《ひせっしょく》IC《アイシー》カードの仕組《しく》みです。「目《め》に見《み》えるお金《かね》」を電子《でんし》マネーという形《かたち》に変身《へんしん》させて記憶《きおく》します。「Suica《スイカ》」「PASMO《パスモ》」「nanaco《ナナコ》」などは、このフェリカという仕《し》組《く》みを利用《りよう》しています。ちなみに、フェリカという言葉《ことば》は、「felicity card《フェリシティカード》（幸福《こうふく》なカード）」という、すごくロマンチックな意味《いみ》を持《も》っています。

　このフェリカという仕組《しく》みを利用《りよう》して、Edy《エディー》という電子《でんし》マネーを流通《りゅうつう》させ、次《つぎ》に、鉄道《てつどう》のJR《ジェイアール》東日本《ひがしにほん》が採用《さいよう》したことで爆《ばく》発的《はってき》に発展《はってん》をしました。日本《にほん》は、フェリカという独自《どくじ》のルールを採用《さいよう》して、電子《でんし》マネー、クレジットカード、乗車券《じょうしゃけん》、搭乗《とうじょう》券《けん》、会員証《かいいんしょう》、ポイントカード、映画《えいが》やコンサートのチケット、電気錠《でんきじょう》などに使《つか》われています。

　このフェリカというシステムは、小額《しょうがく》の買《か》い物《もの》にとても便利《べんり》にできています。使《つか》いすぎたり、万一《まんいち》、落《お》とした時《とき》に被害《ひがい》が大《おお》きくなったりしないように、金額《きんがく》の上限《じょうげん》を決《き》められることや、1枚《まい》のカードがたくさんの役割《やくわり》をしてくれることが特徴《とくちょう》です。

　カードの種類《しゅるい》ごとに得意分野《とくいぶんや》や便利《べんり》なことが研究《けんきゅう》されていて、ちがいを比《くら》べるだけで楽《たの》しめるほどです。

おもしろい話《はなし》ですが、実《じつ》はこのフェリカもNFC《エヌエフシー》も、タッチをしなくても使《つか》えるようになっています。そもそも非接触《ひせっしょく》IC《アイシー》カード技術《ぎじゅつ》が使《つか》われているので、本当《ほんとう》は接触《せっしょく》しなくても使《つか》えるようになっているのですが、正確《せいかく》に使《つか》ってもらうために「ピッと鳴《な》るまでタッチ！」と説明《せつめい》しています。もしカードを持《も》っていたら、ほんの少《すこ》し浮《う》かせても成功《せいこう》するか試《ため》してみてください。きっと成功《せいこう》しますよ！

「お金《かね》」は安全《あんぜん》という考《かんが》え方《かた》で持《も》ち歩《ある》き、管理《かんり》のしやすさでためる時代《じだい》に

お金《かね》は安全《あんぜん》や安心《あんしん》、歴史的《れきしてき》な慣習《かんしゅう》により世界中《せかいじゅう》でさまざまな発展《はってん》をしていますが、どんどん現金《げんきん》の活躍《かつやく》する場所《ばしょ》は減《へ》っていき、電子《でんし》マネーと呼《よ》ばれるお金《かね》が活躍《かつやく》する場所《ばしょ》が増《ふ》えていきます。

もちろん、日本《にほん》は安全《あんぜん》で、お金《かね》に対《たい》する道徳観《どうとくかん》、倫理観《りんりかん》が発達《はったつ》しているので、世界《せかい》に比《くら》べると現金《げんきん》が活躍《かつやく》する場所《ばしょ》が多《おお》いで

しょう。ただ、世界《せかい》は確実《かくじつ》に現金《げんきん》を使《つか》わない方向《ほうこう》に進《すす》んでいきます。

すでに、携帯電話《けいたいでんわ》の中《なか》ですべてを管理《かんり》して、自分《じぶん》で安心《あんしん》を作《つく》りだせる時代《じだい》になっているのです。みんなは、きっと小学生《しょうがくせい》の高学年《こうがくねん》や中学生《ちゅうがくせい》になったらスマートフォンを持《も》ち、使《つか》いこなすようにすぐになります。その時《とき》に、フェリカやNFC《エヌエフシー》のような非接触《ひせっしょく》IC《アイシー》カードを使《つか》いこなせるようになってください。

今《いま》の技術《ぎじゅつ》は使《つか》う側《がわ》の気持《きも》ちと興味《きょうみ》があれば、とても素直《すなお》に役《やく》立《だ》ってくれます。電子《でんし》マネーは、私《わたし》たち大人《おとな》よりも、ひょっとしたらみんなはゲームのように簡単《かんたん》に使《つか》いこなせてしまうかもしれません。

貯金《ちょきん》を電子《でんし》マネーとして管理《かんり》する時代《じだい》

子《こ》どもであるみんなは、毎月《まいつき》のおこづかいや、お誕生日《たんじょうび》やクリスマス、お正月《しょうがつ》には、お金《かね》をもらうことが多《おお》いと思《おも》います。お金《かね》は落《お》としてしまったらそれまでですし、大人《おとな》でもつい「うっ

フェリカやNFCが搭載されたスマートフォンなら、スイカやナナコのようなプリペイドカードを使える場所で、同じようにピッと支払うことができます。

かり」使《つか》いすぎて、何《なに》に使《つか》ったか思《おも》い出《だ》せないことがあります。むだづかいをしてしまうのは大人《おとな》も子《こ》どもも一緒《いっしょ》なのです。ただし、みんなは自分《じぶん》でかせいでいるお金《かね》ではないので、しかられてしまうこともありますね。

　貯金《ちょきん》をする時《とき》、小銭《こぜに》を貯金箱《ちょきんばこ》に入《い》れて貯金《ちょきん》をすることは、お金《かね》がたまっていくと重《おも》くなるという、ずっと昔《むかし》からの感《かん》じることができる知恵《ちえ》です。昔《むかし》はこれを数《かぞ》えてお店《みせ》にでかけて好《す》きなものを買《か》っていくのがお金《かね》の教育《きょういく》でした。

　これからは、ためたお金《かね》を電子《でんし》マネーとしてフェリカに代表《だいひょう》される非接触《ひせっしょく》ＩＣ《アイシー》カードにためて、ネットショッピングやポイントを活用《かつよう》するなどの一番進化《いちばんしんか》したお金《かね》の使《つか》い方《かた》からお金《かね》のことを勉強《べんきょう》してください。

　電子《でんし》マネーは、お金《かね》とちがって安全性《あんぜんせい》が高《たか》いですし、流通系《りゅうつうけい》の会社《かいしゃ》が発行《はっこう》している電子《でんし》マネーは、提携《ていけい》をしているお店《みせ》でしか使《つか》えないため、もし落《お》としたり、とられたりしても、すぐに発行会社《はっこうがいしゃ》に連絡《れんらく》すればカードを使《つか》えなくすることもできます。

　提携《ていけい》しているお店《みせ》には安全《あんぜん》を維持《いじ》するために監視《かんし》カメラがたくさんついていますし、不正《ふせい》や悪《わる》いことをした人《ひと》たちの顔《かお》はしっかりと記録《きろく》されます。いやな目《め》にあう可能性《かのうせい》が低《ひく》くなるということもとても大切《たいせつ》なポイントです。よくよく注意《ちゅうい》をして、気《き》を配《くば》って過《す》ごすことも大切《たいせつ》ですが、小《ちい》さな工夫《くふう》をすることで安心感《あんしんかん》は手《て》に入《はい》るものなのです。そのお手伝《てつだ》いとして電子《でんし》マネーを持《も》つことは、お金《かね》の技術《ぎじゅつ》が進化《しんか》した現在《げんざい》ならではのテクニックです。

私《わたし》たち親《おや》は、みんなが元気《げんき》で安全《あんぜん》に家《いえ》に帰《かえ》ってきてくれることが一番《いちばん》の喜《よろこ》びです。万一《まんいち》、何《なに》かが起《お》きた時《とき》は、その電子《でんし》マネーを発行《はっこう》しているお店《みせ》にすぐにかけこんでください。安全《あんぜん》を確保《かくほ》してくれます。

お金《かね》を支《ささ》える環境《かんきょう》には「安全《あんぜん》」という約束《やくそく》が必《かなら》ずあります。これは安心《あんしん》して安全《あんぜん》な場所以外《ばしょいがい》では人《ひと》はお金《かね》を使《つか》いたくないからです。

電子《でんし》マネーやスマートフォンを通《とお》してお金《かね》に触《ふ》れ始《はじ》めるみんなには、お金《かね》は電子《でんし》マネーでためる時代《じだい》がきたことを伝《つた》えたいです。そして、その電子《でんし》マネーは、みんなを安全《あんぜん》な場所《ばしょ》に連《つ》れていきやすくするということをしっかりと覚《おぼ》えてほしいです。

日本《にほん》というお金《かね》に安全《あんぜん》な環境《かんきょう》で、きちんとお金《かね》の勉強《べんきょう》をしてください。一緒《いっしょ》にたくさん実験《じっけん》して考《かんが》えていきましょう。

この「目《め》に見《み》えないお金《かね》」、つまり、電子《でんし》マネーを活用《かつよう》してより便利《べんり》に、安全《あんぜん》に、そして、上手《じょうず》に管理《かんり》することは、これからみんなが触《ふ》れることになる経済《けいざい》やお金《かね》の未来《みらい》なのです。

NFC《エヌエフシー》って何《なに》？

Near《ニア》 Field《フィールド》 Communication《コミュニケーション》
「近《ちか》くにかざして通信《つうしん》できる」世界標準《せかいひょうじゅん》の技術《ぎじゅつ》。Suica《スイカ》など
いま日本《にほん》で多《おお》く使《つか》われている「FeliCa《フェリカ》」方式《ほうしき》は日本《にほん》独自《どくじ》のため、
世界《せかい》からの旅行客《りょこうきゃく》には使《つか》いにくい。日本《にほん》も東京《とうきょう》オリンピックが
開催《かいさい》される2020年《ねん》までにNFC方式《エヌエフシーほうしき》を導入《どうにゅう》し、世界中《せかいじゅう》から来《き》た
人《ひと》たちがどこでも使《つか》えるようにしようという動《うご》きがあります。

おさいふ
がわりに
パス
がわりに
いろいろな
情報《じょうほう》も

NFC《エヌエフシー》

VISA《ビザ》 payWave《ペイウエーブ》
アメリカ→世界《せかい》
Google《グーグル》 Wallet《ワレット》
アメリカ
Apple《アップル》 Pay《ペイ》
アメリカ→世界《せかい》
Vodafone《ボーダフォン》 Wallet《ワレット》
イギリス

できることはだいたい同《おな》じ

携帯《けいたい》や
カードで
ピッ！

使《つか》える地域《ちいき》が違《ちが》う！
世界《せかい》で／日本《にほん》だけ

FeliCa《フェリカ》

nanaco《ナナコ》
Suica《スイカ》
JR東日本《ジェイアールひがしにほん》
PASMO《パスモ》
パスモ
ICOCA《イコカ》
JR西日本《ジェイアールにしにほん》
iD《アイディー》
NTT docomo《エヌティーティードコモ》

モバイルNFC《エヌエフシー》協議会《きょうぎかい》

SoftBank《ソフトバンク》　au《エーユー》
NTT《エヌティーティー》　docomo《ドコモ》
三井住友《みついすみとも》カード　三菱UFJ《みつびしユーエフジェー》ニコス　ジェーシービー
ライフカード　アメリカン・エキスプレス・インターナショナル
オリエントコーポレーション　クレディセゾン　ユーシーカード
SONY《ソニー》　FUJIFILM《フジフイルム》
TOSHIBA《トウシバ》　HITACHI《ヒタチ》

携帯電話《けいたいでんわ》はじめ通信系《つうしんけい》の会社《かいしゃ》、最先端技術《さいせんたんぎじゅつ》を持《も》っている機器《きき》メーカーなど、たくさんの企業《きぎょう》でNFC《エヌエフシー》サービス市場《しじょう》の拡大《かくだい》を目指《めざ》しています。

まとめ

僕《ぼく》たちが普段《ふだん》使《つか》っているお金《かね》にはお札《さつ》や硬貨《こうか》といった「目《め》に見《み》えるお金《かね》」と、それが電子化《でんしか》された「目《め》に見《み》えないお金《かね》」があって、使《つか》い方《かた》もいろいろなんだね。なんだかお金《かね》に興味《きょうみ》が出《で》てきたよ。

そう、お金《かね》を使《つか》いこなすには、みんなが興味《きょうみ》と好《こう》奇心《きしん》を持《も》って学《まな》ぶことが最《もっと》も大事《だいじ》なんだ！
円《えん》やドル、ユーロなど国《くに》によってお金《かね》の呼《よ》び方《かた》は違《ちが》うけれど、世界中《せかいじゅう》の人《ひと》が同《おな》じように物《もの》をお金《かね》で買《か》っているのだからおもしろいよね。カードにもいろいろな種類《しゅるい》があって、みんなそれぞれ自分《じぶん》に合《あ》った電子《でんし》マネーの使《つか》い方《かた》をしている。でも、お金《かね》を手《て》に入《い》れるためには一生懸命《いっしょうけんめい》に働《はたら》かなくてはならないことを忘《わす》れないでね。

第《だい》2章《しょう》

電子《でんし》マネー「nanaco《ナナコ》」って何《なに》？

お話《はなし》を聞《き》いた人《ひと》

（株《かぶ》）セブン・カードサービス

企画部《きかくぶ》企画予算担当《きかくよさんたんとう》シニアオフィサー

横山《よこやま》　一芳《かずよし》さん

企画部《きかくぶ》企画予算担当《きかくよさんたんとう》

高橋《たかはし》　健太郎《けんたろう》さん

「nanaco《ナナコ》カード」はどうして生《う》まれたの？

「nanaco《ナナコ》カード」は、10年前《ねんまえ》に生《う》まれました。そのきっかけは、私《わたし》たちの仕事《しごと》にとって一番大切《いちばんたいせつ》なのはお客《きゃく》さまの「便利《べんり》さ」だからです。

　私《わたし》たちは、コンビニエンスストアのセブン‐イレブンやスーパーのイトーヨーカドーというお店《みせ》で、食《た》べ物《もの》や飲《の》み物《もの》などを便利《べんり》に楽《たの》しく買《か》ってもらう仕事《しごと》をしています。お客《きゃく》さまを一番《いちばん》に考《かんが》える「お客《きゃく》さま第一主義《だいいちしゅぎ》」というのが、私《わたし》たちの変《か》わらぬ合言葉《あいことば》なのですが、「nanaco《ナナコ》カード」が生《う》まれるずっと前《まえ》に困《こま》ることが起《お》きました。

　それは、小銭《こぜに》の問題《もんだい》です。お店《みせ》での支払《しはら》いの時《とき》、お札《さつ》ばかりではなく、たくさんの小銭《こぜに》がおつりとして出《で》ていきます。気《き》がつくと、お客《きゃく》さまのおさいふは小銭《こぜに》でぎっしりということに。小銭《こぜに》を減《へ》らそうとレジで使《つか》おうとすると、おさいふからとりだすだけで時間《じかん》がかかりますし、時間帯《じかんたい》によってはレジが混《こ》んでいるので気《き》を使《つか》ってしまい、結局《けっきょく》お札《さつ》で支払《しはら》いをしてしまい、結果《けっか》、また小銭《こぜに》が増《ふ》えるということが起《お》きていたのです。

この不便《ふべん》さを解消《かいしょう》するために、携帯電話会社《けいたいでんわがいしゃ》やたくさんの会《かい》社《しゃ》が技術《ぎじゅつ》を発展《はってん》させ、その結果《けっか》、「nanaco《ナナコ》カード」に代《だい》表《ひょう》される電子《でんし》マネーが生《う》まれました。

「nanaco《ナナコ》カード」はどんなカード？

プラスチックでできたカードを使《つか》う、非接触式《ひせっしょくしき》の決済《けっさい》システム（この教科書《きょうかしょ》にすでに出《で》てきた「電子《でんし》マネー」のNFC《エヌエフシー》やフェリカなど）は、たくさんの種類《しゅるい》があります。

そして、いろいろな特徴《とくちょう》がそれぞれのカードにあります。私《わたし》たちが展開《てんかい》している「nanaco《ナナコ》カード」は、私《わたし》たちの得意《とくい》な分野《ぶんや》、商品《しょうひん》を売《う》り買《か》いする「小売《こう》り」に適《てき》した形《かたち》になっています。

例《たと》えば、お買《か》い物《もの》をする時《とき》にたまるポイント。このポイントは、いろいろな商品《しょうひん》と連動《れんどう》して、まるで宝探《たからさが》しのようにポイン

【プラスチックでできたカード】情報の記録や決済の処理をするためのICを組み込んだプラスチックのカードのことをICカードと言います。PASMOもSuicaもみんなICカードで、見えないけれど中にICが入っています。

【非接触式の決済システム】昔はICカードを専用のリーダー（読み取り機）に差し込んだりすることでカードの情報を読み取っていましたが、最近では技術が進歩して、リーダーにかざすだけで大丈夫になりました。

【小売り】小売りとは　生産者や卸売業者から仕入れた商品を最終消費者であるお客さんに売るお店のこと。普段の生活で私たちがものを買っているそごう・西武などのデパート、セブン-イレブンなどのコンビニエンスストアなど、色々な商品が揃っているお店のほとんどが小売店です

プリペイドカードは安全《あんぜん》？ …たとえば nanaco《ナナコ》だったら

なくしても大丈夫《だいじょうぶ》。

お金《かね》の管理《かんり》も簡単《かんたん》なお財布《さいふ》代《が》わり、それがプリペイドカードトが上手《じょうず》に、効率的《こうりつてき》にたまるようになっています。たまったポイントは、セブン‐イレブンやイトーヨーカドーで、電子《でんし》マネーに交換《こうかん》して使《つか》うことができます。すぐに使《つか》えるようになりますから、まずはお父《とう》さんお母《かあ》さんと一緒《いっしょ》に試《ため》してみてください。

「nanaco《ナナコ》カード」には、虹《にじ》とキリンがえがかれています。空《そら》にかかる虹《にじ》は、まるで大《おお》きな橋《はし》のように見《み》えますね。この虹《にじ》には、お客《きゃく》さまと私《わたし》たちの売《う》り場《ば》をつなぐという願《ねが》いや、お店《みせ》の中《なか》でお客《きゃく》さまに新《あたら》しい発見《はっけん》をしてほしいという夢《ゆめ》がこめられているのです。

みんなに「かわいい！」と評判《ひょうばん》のキリンの絵柄《えがら》は、セブン‐イレブンの「7」という数字《すうじ》に似《に》ていて、人気《にんき》の動物《どうぶつ》を選《えら》びました。

「nanaco《ナナコ》カード」には、ほかにもいろいろなデザインのカードがあります。今年《ことし》もたくさんの人気《にんき》キャラクターをデザインした特別《とくべつ》なカードが生《う》まれました。

「nanaco《ナナコ》カード」はみんなの味方《みかた》

お金《かね》を事前《じぜん》に希望《きぼう》の金額《きんがく》だけ入金《にゅうきん》しておくプリペイド式《しき》のカードには、「nanaco《ナナコ》カード」をはじめ、いろいろなものがあります。中《なか》でも、「nanaco《ナナコ》カード」ほど「安心《あんしん》、安全《あんぜん》」を目標《もくひょう》にしたカードはないといえます。

例《たと》えば、「nanaco《ナナコ》カード」を最初《さいしょ》に手《て》に入《い》れる時《とき》、申《もう》込書《しこみしょ》に住所《じゅうしょ》や氏名《しめい》、生年月日《せいねんがっぴ》を登録《とうろく》します。これは、もし落《お》としたり、割《わ》ってしまったり、とられてしまったりというトラブルが起《お》きた時《とき》に、すぐに対応《たいおう》するためです。問題《もんだい》が起《お》きた場《ば》合《あい》、連絡《れんらく》が入《はい》り次第《しだい》、再発行《さいはっこう》したり、カードが使《つか》えないように利用《りよう》を止《と》めたりします。

ほかのプリペイドカードには、このような機能《きのう》を考《かんが》えて作《つく》られているものは少《すく》ないようですから、これは「nanaco《ナナコ》カード」の一番《いちばん》の特長《とくちょう》といえるでしょう。

さらに、この「nanaco《ナナコ》カード」を持《も》っているということは、セブン-イレブン（全国《ぜんこく》に約《やく》1万《まん》9千店《せんてん》）や、イトーヨー

カードをもしなくしてしまったら、すぐにお父さんやお母さんに相談しましょう。

カドー、デニーズ、そごう・西武《せいぶ》などのお店《みせ》と友《とも》だちになったことです。何《なに》か問題《もんだい》が起《お》きた時《とき》には、近《ちか》くのお店《みせ》にかけこんで、助《たす》けを求《もと》めてください。

おでかけする先《さき》で、「nanaco《ナナコ》カード」がいろいろなものとつながっている、そんな役割《やくわり》をすることができるのも「nanaco《ナナコ》カード」の強《つよ》みです。

お得《とく》なポイントって何《なん》だろう?

「nanaco《ナナコ》カード」は、セブン‐イレブンやデニーズ、そごう・西武《せいぶ》、イトーヨーカドーなどのお店《みせ》、インターネットを使《つか》った「オムニ7《セブン》」でお買《か》い物《もの》をする時《とき》にポイントがつきます。例《たと》えば、教科書《きょうかしょ》や参考書《さんこうしょ》、本《ほん》やまんがをセブンネットショッピングで購入《こうにゅう》した場合《ばあい》、自宅《じたく》の近《ちか》くのセブン‐イレブンまでとりにいくと、本《ほん》を買《か》った金額《きんがく》によってポイントがつきます。このポイントは、お買《か》い物《もの》をしたあなた自身《じしん》が自由《じゆう》に使《つか》える電子《でんし》マネーに変身《へんしん》します。このポイントを使《つか》って、好《す》きなお菓子《かし》や

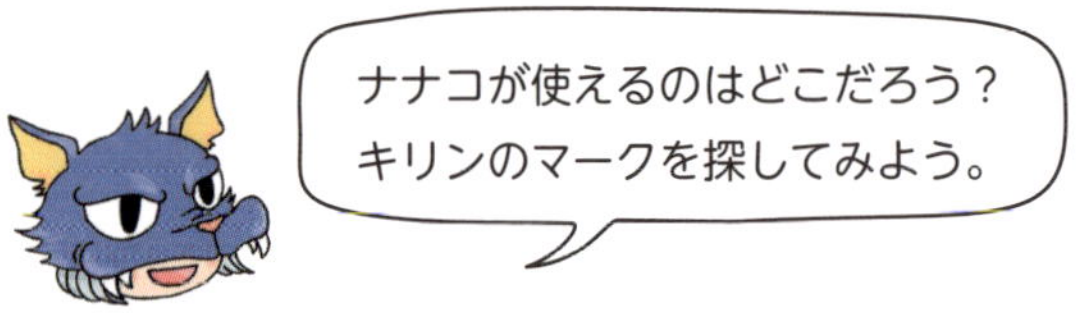
ナナコが使えるのはどこだろう？
キリンのマークを探してみよう。

文具《ぶんぐ》を購入《こうにゅう》することができます。

　このポイントは目《め》に見《み》えませんが、レシートなどで「今《いま》、ポイントあるのかな？　どのぐらいたまっているかな？」という疑問《ぎもん》はすぐに確認《かくにん》できますし、携帯電話《けいたいでんわ》やパソコンからでも確《かく》認《にん》し、「次《つぎ》はどうしようかな？」とか、「何《なに》が欲《ほ》しいかな」とかいう計画《けいかく》が立《た》てられるようになります。お金《かね》の流《なが》れがわかり、上手《じょうず》に管理《かんり》し、お金《かね》に対《たい》して敏感《びんかん》になっていきます。

「見《み》えないお金《かね》だから管理《かんり》できる」というのが、最近《さいきん》のお金《かね》に対《たい》する新《あたら》しい考《かんが》え方《かた》です。私《わたし》たちの「ｎａｎａｃｏ《ナナコ》カード」は、上手《じょうず》に使《つか》うことで、管理《かんり》だけでなくお金《かね》に関《かん》する考《かんが》え方《かた》や、使《つか》い方《かた》、将来的《しょうらいてき》なことを考《かんが》えながら計画《けいかく》の立《た》て方《かた》などを勉強《べんきょう》する手助《てだす》けになると思《おも》います。お得《とく》なポイントはそういった意味《いみ》での、一番《いちばん》のお友《とも》だちになれるでしょう。

　お金《かね》のことに関《かん》する失敗《しっぱい》はこわがらずにすぐにお父《とう》さんとお母《かあ》さんに報告《ほうこく》することも大切《たいせつ》です。もしなくしてしまったり、とられたりした時《とき》にも安心《あんしん》してください。すぐに私《わたし》たちが対応《たいおう》

ポイントのたまる仕組《しく》み

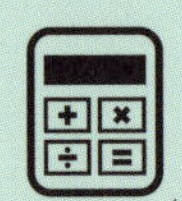

ポイントの計算方法《けいさんほうほう》

ポイント宝《たから》さがし（お得《とく》なキャンペーン）

ポイントでお買《か》いもの

700円《えん》
100円《えん》=1ポイント（つまり1%《パーセント》ぶん）
1ポイント
700円《えん》
7ポイント

好《す》きなものを買《か》って
ポイントもゲット！

をします。

「nanaco《ナナコ》カード」は、生《う》まれて10年《ねん》たちます。この間《かん》、たくさんの人《ひと》たちに知《し》ってもらえるようになりました。みなさんのお父《とう》さんやお母《かあ》さんたちにも、「あっ、nanaco《ナナコ》ね」といってもらえるようになりました。

でも、実《じつ》は、とても便利《べんり》なことがたくさんまだまだあるのです。みんなはスマートフォンのゲームのようにきっと「nanaco《ナナコ》カード」をあっという間《ま》に使《つか》いこなせるようになりますから、大人《おとな》にも便利《べんり》で楽《たの》しいことを見《み》つけたら積極的《せっきょくてき》に教《おし》えてあげてください。ものすごくほめられるかも!? これからも「nanaco《ナナコ》カード」と仲良《なかよ》くしてくださいね。

一番後ろに「トワ nanaco《ナナコ》カード」が添付されています。早速使ってみよう！

※セブンネットショッピング限定版「こどもお金の教科書」のみ特別付録「トワ nanaco カード」付きとなります。
あらかじめ、ご了承ください。

さあ、計算《けいさん》の時間《じかん》です。

Q.1　nanaco《ナナコ》で100円《えん》買《か》うと1ポイント、では次《つぎ》の金額《きんがく》のものを買《か》うと何《なん》ポイントもらえるでしょう？ただし、10円《えん》単位《たんい》の端数《はすう》は切《き》り捨《す》て。

700円《えん》	→	□	ポイント	870円《えん》	→	□	ポイント
80円《えん》	→	□	ポイント	180円《えん》	→	□	ポイント

ん〜〜〜思《おも》ったより少《すく》ない？？

…そこで「キャンペーン」登場《とうじょう》！

Q. 2　「まんが日本《にほん》の歴史《れきし》」3巻《かん》セット（朝日学生新聞刊《あさひがくせいしんぶんかん》）4,200円《えん》がポイント30倍《ばい》のキャンペーンを実施中《じっしちゅう》のセブンネットショッピングで買《か》うと、ポイントはいくつになるでしょう?

普通《ふつう》は　4,200円《えん》×1%《パーセント》（0.01）＝42ポイント

キャンペーン中《ちゅう》 42ポイント × 30 ＝ **1,260** ポイント

Q.3 でも、残念《ざんねん》ながら、あなたのnanaco《ナナコ》には、4,200円《えん》が入《はい》っていません。どうやって、キャンペーン中《ちゅう》の「まんが日本《にほん》の歴史《れきし》」3巻《かん》セットでもらえる1,260ポイントをゲットしよう？

1. お母《かあ》さん（お父《とう》さん）に「まんが日本《にほん》の歴史《れきし》」が勉強《べんきょう》に役立《やくだ》つことをめちゃめちゃアピる！（テストによく出《で》るから、とか）←ここ超重要《ちょうじゅうよう》！

2. お母《かあ》さん（お父《とう》さん）にnanaco《ナナコ》へ5,000円《えん》※チャージしてもらう
※nanacoへのチャージは¥1,000単位

3. セブンネットショッピングかセブンイレブンで注文《ちゅうもん》！

4. nanaco《ナナコ》で支払《しはら》い！→「まんが日本《にほん》の歴史《れきし》」と1,260ポイントをゲット！

お小遣《こづか》いが増《ふ》えちゃうかもよ

まとめ

以前《いぜん》は切符《きっぷ》を買《か》っていたけれど、今《いま》では駅《えき》やバスなどの交通機関《こうつうきかん》では「ピッ！」とカードを使《つか》っている人《ひと》がほとんどだよ。これからも電子《でんし》マネーはさらにいろいろな所《ところ》で活躍《かつやく》していくんだろうな。

電子《でんし》マネーが社会《しゃかい》に浸透《しんとう》していくためには技術《ぎじゅつ》の進歩《しんぽ》も不可欠《ふかけつ》で、「NFC《エヌエフシー》」や「フェリカ」といった非接触式《ひせっしょくしき》IC《アイシー》カード技術《ぎじゅつ》のおかげで今《いま》、私《わたし》たちは簡単《かんたん》に電子《でんし》マネーを扱《あつか》うことができるの。海外《かいがい》ではほとんど現金《げんきん》を持《も》ち歩《ある》かない国《くに》があるくらい、国《くに》によってお金《かね》を取《と》り巻《ま》く環境《かんきょう》は違《ちが》っていて、いかにその生活《せいかつ》スタイルに合《あ》っているかがポイントになっているわ。日本《にほん》は世界《せかい》の中《なか》でいうと、まだまだ現金《げんきん》を使《つか》う機会《きかい》が多《おお》い方《ほう》なんですって。

幸《しあわ》せになる3つのおまじない

Dr.《ドクター》コパ

『こども お金《かね》の教科書《きょうかしょ》』を読《よ》んでいるみなさん。私《わたし》はDr.《ドクター》コパです。たぶんみなさんのおじいちゃんと同《おな》じ年《とし》ごろで、この本《ほん》の著者《ちょしゃ》・こばやしてるひろのお父《とう》さんです。「風水《ふうすい》のおじいちゃん」として覚《おぼ》えてね。

まずは、お礼《れい》を！　大切《たいせつ》なことだからね。この本《ほん》を手《て》にとってくれてありがとう。とてもうれしいです。そして、この本《ほん》には、私《わたし》の子《こ》どもである「こばやしてるひろ」にも教《おし》えたことがたくさん書《か》かれています。

さて、みなさんに日本《にほん》に古《ふる》くから伝《つた》わっている「風水《ふうすい》」という「おまじない」を三《みっ》つだけ教《おし》えます。この三《みっ》つを子《こ》どものこ

コラム

ろから知《し》っていると、この先《さき》きっと大丈夫《だいじょうぶ》。明《あか》るく、元気《げんき》よく、心《こころ》の強《つよ》い人《ひと》になれます。

私《わたし》も子《こ》どもたちと一緒《いっしょ》にいつもやっていました。みなさんもお父《とう》さんやお母《かあ》さんと一緒《いっしょ》に、コツコツとがんばってください。

「おまじない」は、心《こころ》の腹筋《ふっきん》と一緒《いっしょ》です。やった分《ぶん》だけ、みなさんを絶対《ぜったい》に裏切《うらぎ》らない自信《じしん》をくれますよ。

おまじない①
〈玄関《げんかん》の前《まえ》の道《みち》を掃除《そうじ》する〉

おまじない②
〈玄関《げんかん》の床《ゆか》にある靴《くつ》を片《かた》づけて水《みず》ぶきをする〉

おまじない③
〈自分《じぶん》の部屋《へや》の夕日《ゆうひ》がしずむ方向《ほうこう》・西《にし》に黄色《きいろ》いものを置《お》く〉

この三《みっ》つです。

①の「玄関《げんかん》の前《まえ》の道《みち》を掃除《そうじ》する」のは、「鬼《おに》は外《そと》、福《ふく》は内《うち》」を毎日《まいにち》しているのと同《おな》じ。家《いえ》の中《なか》がいつも楽《たの》しくいられるように鬼《おに》（大人《おとな》は不運《ふうん》や厄《やく》と呼《よ》びます）をやっつけよう。これは1週間《しゅうかん》に1回《かい》。

②の「玄関《げんかん》の床《ゆか》にある靴《くつ》を片《かた》づけて水《みず》ぶきをする」のは、家《いえ》をお風呂《ふろ》に入《い》れてあげることと同《おな》じです。毎日《まいにち》みんなを守《まも》ってくれている家《いえ》は、汚《きたな》いままではいやだから、まずは家《いえ》の顔《かお》である玄関《げんかん》をきれいに水《みず》ぶきをしよう。これは毎日《まいにち》1回《かい》。

③の「自分《じぶん》の部屋《へや》の夕日《ゆうひ》がしずむ方向《ほうこう》・西《にし》に黄色《きいろ》いものを置《お》く」のは、このおまじない「風水《ふうすい》」の最初《さいしょ》のお約束《やくそく》ごと。昔《むかし》から日本《にほん》では、お米《こめ》や小判《こばん》を大切《たいせつ》にしています。だから、実《みの》ったお米《こめ》やキラキラ光《ひか》る小判《こばん》を黄色《きいろ》のものに見立《みた》てて西側《にしがわ》にかざるのです。これは気《き》になった時《とき》にいつでもとりかえてね。

この三《みっ》つのおまじないは、日本《にほん》ではずっと昔《むかし》から成功《せいこう》した人《ひと》たちは続《つづ》けています。サッカーなどのスポーツでも、勉強《べんきょう》でも、習《なら》いごとでも、上手《じょうず》な人《ひと》のまねを一生懸命《いっしょうけんめい》して、自分《じぶん》にできることをがんばるようにと、昔《むかし》から成功《せいこう》した人《ひと》たちがやっている

コラム

「おまじない」です。自分《じぶん》たちでも、がんばればできることだけ教《おし》えてくれるのが「風水《ふうすい》」なんです。

私《わたし》は子《こ》どもたちに、上手《じょうず》にまねをすることと、この「おまじない」を教《おし》えることで、素直《すなお》でがんばり屋《や》で、ちょっぴり負《ま》けず嫌《ぎら》いながまん強《づよ》い子《こ》どもに育《そだ》てました。

最後《さいご》に、困《こま》った時《とき》、つらい時《とき》は、自分《じぶん》をほめてね。一番《いちばん》の味《み》方《かた》になってくれるのはみなさん自身《じしん》です。

この「おまじない」は、きっとみんなに自信《じしん》をつけてくれます。みなさんにとって役立《やくだ》つものであることを祈《いの》っています。

みなさんのもとに、たくさんの幸《しあわ》せが訪《おとず》れますように。

第《だい》3章《しょう》

進化《しんか》するお買《か》い物《もの》の形《かたち》

お話《はなし》を聞《き》いた人《ひと》

(株《かぶ》) セブン－イレブン・ジャパン

取締役《とりしまりやく》執行役員《しっこうやくいん》商品本部長《しょうひんほんぶちょう》

石橋《いしばし》　誠一郎《せいいちろう》さん

成長《せいちょう》するコンビニエンスストア

私《わたし》たちは、コンビニエンスストア「セブン‐イレブン」というお店《みせ》を、全国《ぜんこく》46都道府県《とどうふけん》で約《やく》1万《まん》9千店《せんてん》（沖縄県《おきなわけん》は出店準備《しゅってんじゅんび》中《ちゅう》）展開《てんかい》しています。学校《がっこう》の登下校《とうげこう》、塾《じゅく》や習《なら》い事《ごと》、旅行《りょこう》……。どこかへでかける時《とき》に、みなさんは私《わたし》たちのコンビニエンスストアを見《み》かけるはずです。

セブン‐イレブンは、小売業《こうりぎょう》、つまり、商品《しょうひん》を買《か》ったり売《う》ったりする仕事《しごと》の比較的《ひかくてき》新《あたら》しい形《かたち》として、1974年《ねん》に1号店《ごうてん》をスタートしました。みなさんのお父《とう》さんやお母《かあ》さんよりちょっとだけ年上《としうえ》です。

コンビニエンスストアは、「24時間《じかん》やっている」とか、「いつでも開《ひら》いている」とかというイメージがあるでしょう？　実《じつ》は、コンビニエンスストアを始《はじ》めたばかりのころは、社名《しゃめい》と同《おな》じ、朝《あさ》の7時《じ》から夜《よる》の11時《じ》までの営業《えいぎょう》でした。それでも今《いま》まであったどんなお店《みせ》よりも長時間営業《ちょうじかんえいぎょう》している画期的《かっきてき》なお店《みせ》だったのです。今《いま》では、お客《きゃく》さまに「便利《べんり》だな」と喜《よろこ》んでもらうために、

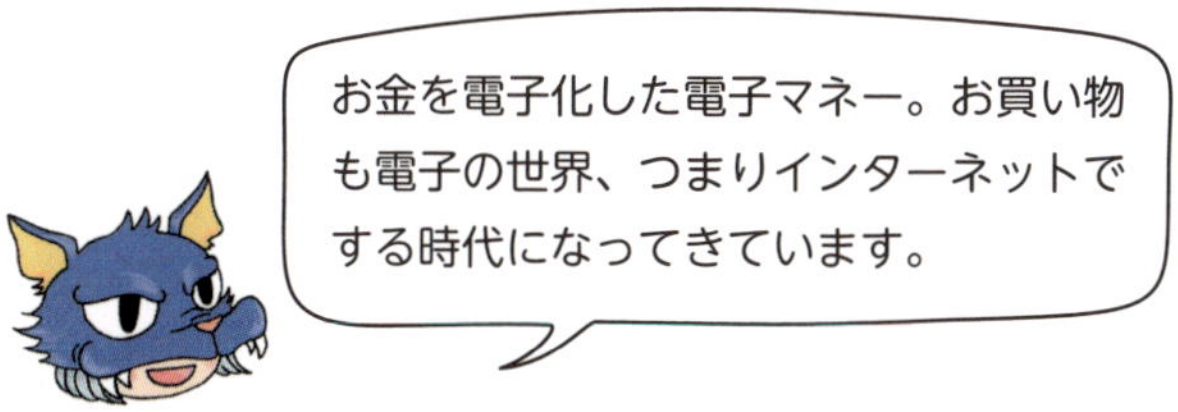
お金を電子化した電子マネー。お買い物も電子の世界、つまりインターネットでする時代になってきています。

基本的《きほんてき》には24時間営業《じかんえいぎょう》をしています。

セブン‐イレブンができてから、営業時間《えいぎょうじかん》も、取《と》りあつかっている商品《しょうひん》も、サービスも、どんどん成長《せいちょう》して、今《いま》では食材《しょくざい》や飲《の》み物《もの》のほかに、雑誌《ざっし》や書籍《しょせき》が置《お》かれていたり、コピー機《き》があったり、公共料金《こうきょうりょうきん》の支払《しはら》いができたり、できたてのコーヒーやドーナツが食《た》べられるイートインコーナーができたり……。お客《きゃく》さまの「これが欲《ほ》しい!」という声《こえ》を一生懸命《いっしょうけんめい》聞《き》いて、それを形《かたち》にすることで成長《せいちょう》をし続《つづ》けているのです。

そんな、比較的新《ひかくてきあたら》しい小売業《こうりぎょう》の形《かたち》が私《わたし》たちセブン‐イレブンです。そして、その成長進化《せいちょうしんか》する姿《すがた》は、パソコンや携帯電話《けいたいでんわ》でお買《か》い物《もの》をするネットショッピングという新《あたら》しい形《かたち》も生《う》み出《だ》しました。

セブンネットショッピングとは

私《わたし》たちの「コンビニエンスストア」という仕事《しごと》は、お客《きゃく》さまのことをいつも第一《だいいち》に考《かんが》えること。そして、考《かんが》えたことを新《あたら》し

【24時間営業】 24時間営業のセブン‐イレブンができたのは1975年のこと。福島県郡山市虎丸店でした。

いサービスとして形《かたち》にすることが目標《もくひょう》です。この目標《もくひょう》をかなえるために、実際《じっさい》にお店《みせ》で触《ふ》れて体感《たいかん》することができる約《やく》1万《まん》9千店《せんてん》のお店《みせ》とともに、セブンネットショッピングという、ネットや携帯電話《けいたいでんわ》でお買《か》い物《もの》をしたり、新《あたら》しい出会《であ》いや情報《じょうほう》に触《ふ》れ合《あ》えたりできる「セブン‐イレブン ネット店《てん》」をオープンさせました。

　このセブンネットショッピングは、セブン‐イレブンのネット店《てん》ですから、私《わたし》たちが取《と》りあつかうことのできるすべての商《しょう》品《ひん》をわかりやすく、便利《べんり》に発見《はっけん》することができます。それは自《じ》分《ぶん》の家《いえ》だけでなく、自分《じぶん》の家《いえ》の近《ちか》く、学校《がっこう》の近《ちか》く、塾《じゅく》の近《ちか》くのセブン‐イレブンにいち速《はや》く、無料《むりょう》で届《とど》けることができます。このサービスはお店《みせ》をたくさん持《も》っているからできるサービスで、私《わたし》たちの自慢《じまん》の一《ひと》つです。実際《じっさい》、たくさんのお客《きゃく》さまが喜《よろこ》んで使《つか》ってくれる大《だい》ヒットサービスの一《ひと》つになりました。

　この教科書《きょうかしょ》でも紹介《しょうかい》させていただいた「nanaco《ナナコ》カード」も便利《べんり》に、快適《かいてき》に使《つか》えるようになっています。

　このネットで触《ふ》れ合《あ》うことのできることの大切《たいせつ》なポイントとして、私《わたし》たちセブン‐イレブンには、たくさんのお店《みせ》を持《も》つグループとして決《き》めているルールがあります。それは、良《よ》い商《しょう》品《ひん》、良《よ》いサービスを同時《どうじ》にお客《きゃく》さまに提案《ていあん》することです。お買《か》い物《もの》という楽《たの》しみをきちんとみなさんに提案《ていあん》して、毎日《まいにち》「セブンネットショッピングを見《み》よう！」と思《おも》ってもらえる、遊《あそ》びにきたくなるサービスにすることです。

毎日《まいにち》の楽《たの》しみをみなさんと一緒《いっしょ》に感《かん》じていたい、そう思《おも》えるネットショッピングを目指《めざ》しています。これは、ちょっとめずらしい私《わたし》たちだけの視点《してん》かもしれません。お買《か》い物《もの》は、値段《ねだん》ももちろん大切《たいせつ》ですが、値段以外《ねだんいがい》の価値《かち》という発見《はっけん》もあるのです。

●「近《ちか》くて便利《べんり》」が大切《たいせつ》な理由《りゆう》

実際《じっさい》にお店《みせ》で触《ふ》れること、体感《たいかん》することができる「セブン-イレブン」というお店《みせ》と、パソコンや携帯電話《けいたいでんわ》からいつでも、どこにいても、触《ふ》れ合《あ》うことのできる「セブンネットショッピング」の二《ふた》つをご紹介《しょうかい》したところで、この『こども　お金《かね》の教《きょう》科書《かしょ》』で、お金《かね》のことを勉強中《べんきょうちゅう》のみなさんに、私《わたし》たちが一番大《いちばんたい》

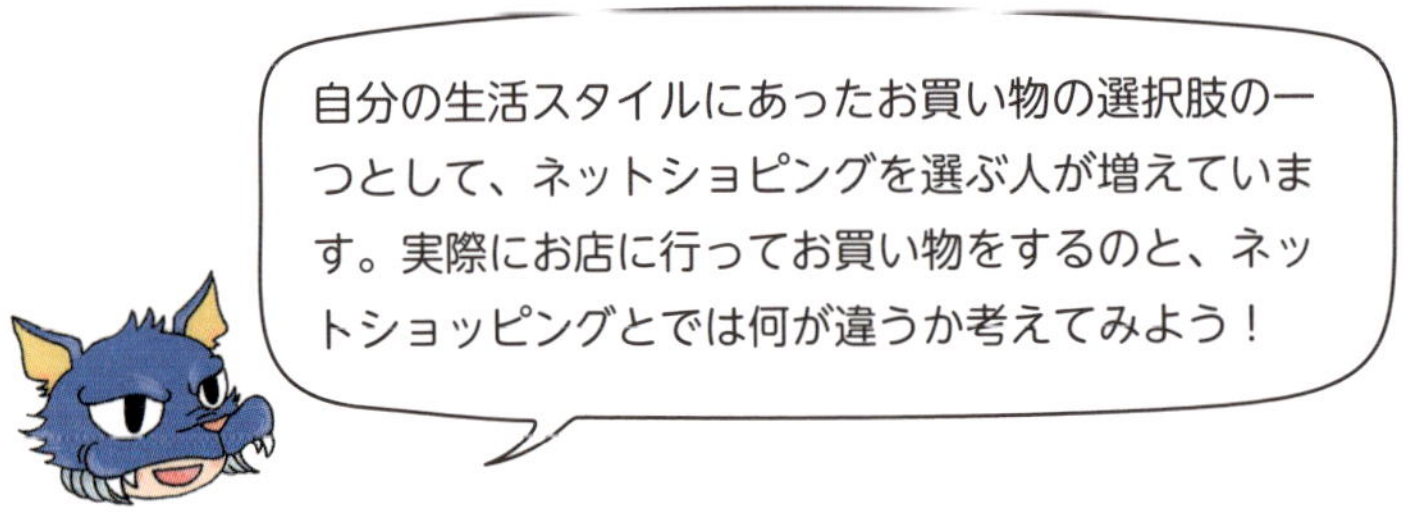
自分の生活スタイルにあったお買い物の選択肢の一つとして、ネットショピングを選ぶ人が増えています。実際にお店に行ってお買い物をするのと、ネットショッピングとでは何が違うか考えてみよう！

切《せつ》にしている言葉《ことば》をご紹介《しょうかい》しようと思《おも》います。

それは「近《ちか》くて便利《べんり》」という言葉《ことば》です。「近《ちか》い」というと、実際《じっさい》に「家《いえ》のそばにある」とか、「サッカー場《じょう》のそばにある」とか、体《からだ》で触《ふ》れ合《あ》える距離《きょり》のこと。歩《ある》いてお店《みせ》までかかる時間《じかん》のことを意味《いみ》します。

でも、この「近《ちか》い」という言葉《ことば》には、みなさんやお客《きゃく》さま全《ぜん》員《いん》と「心《こころ》の距離《きょり》が近《ちか》いセブン-イレブン」になりたいという目《もく》標《ひょう》や夢《ゆめ》もこめられています。

大好《だいす》きなお父《とう》さんやお母《かあ》さんのように、友《とも》だちや先輩《せんぱい》のように、私《わたし》たちセブン-イレブンは、心《こころ》の距離《きょり》が近《ちか》い存在《そんざい》になっていきたいのです。「便利《べんり》」という意味《いみ》には、どんどん変《か》わっていく暮《く》らしの中《なか》で、一番求《いちばんもと》められる品《しな》ぞろえを、タイミングよく提案《ていあん》できる存在《そんざい》でいたいという意味《いみ》です。

例《たと》えば、「朝日小学生新聞《あさひしょうがくせいしんぶん》」でも話題《わだい》に上《のぼ》ることがあるお年《とし》寄《よ》りなどの「買《か》い物弱者《ものじゃくしゃ》」という問題《もんだい》があります。これは高齢《こうれい》化社会《かしゃかい》という問題《もんだい》にも原因《げんいん》があり、みんなで考《かんが》えなくてはいけない問題《もんだい》の一《ひと》つです。「買《か》い物《もの》にいきたくても近《ちか》くにお店《みせ》がない」や、「健康的《けんこうてき》な問題《もんだい》や時間的《じかんてき》な問題《もんだい》で、買《か》い物《もの》にいける状《じょう》態《たい》じゃない」という困《こま》ったことに対《たい》して、私《わたし》たちはセブンネットショッピングなどのさまざまなサービスを通《とお》して「便利《べんり》」を提案《ていあん》しています。その中《なか》の大《おお》きなポイントの一《ひと》つは自宅《じたく》まで商《しょう》品《ひん》を届《とど》けるというサービスです。

これは、どんどん変《か》わっていく生活《せいかつ》のしかたに合《あ》わせて、私《わたし》たちが提案《ていあん》することができた「便利《べんり》」の一《ひと》つです。

自宅《じたく》まで直接届《ちょくせつとど》けるサービス以外《いがい》にも、たくさんのお店《みせ》を持《も》っている私《わたし》たちにしかできないサービスもあります。それは、自分《じぶん》がお買《か》い物《もの》した商品《しょうひん》をセブン-イレブンに届《とど》けておくこと。これは自宅以外《じたくいがい》で受《う》け取《と》りたい方《かた》や、「お散歩《さんぽ》や用事《ようじ》のついでにセブン-イレブンに気軽《きがる》に立《た》ち寄《よ》ってもらう」というサービスです。みなさんのおじいちゃんやおばあちゃんにもぜひ知《し》っていただいて活用《かつよう》をしてもらえるとうれしいサービスです。高齢者《こうれいしゃ》には、元気《げんき》に歩《ある》いて、おいしいものを食《た》べて、笑顔《えがお》でいてもらいたいですからね。

このように私《わたし》たちが大切《たいせつ》にしている「近《ちか》くて便利《べんり》」という言《こと》葉《ば》には、私《わたし》たちが「どのように仕事《しごと》をしていきたいか」という理想《りそう》と夢《ゆめ》がつまっているのです。

「街《まち》の本屋《ほんや》さん」であるために

私《わたし》たちセブン‐イレブンは「近《ちか》くて便利《べんり》」という言葉《ことば》とともに、もう一《ひと》つ大切《たいせつ》にしている大《おお》きな約束《やくそく》があります。それは「街《まち》の本屋《ほんや》さん」になることです。みなさんが暮《く》らす日本《にほん》は、経済《けいざい》や生活《せいかつ》の変化《へんか》がどんどん起《お》きて、環境《かんきょう》がくるくると変《か》わっています。そんな中《なか》、私《わたし》たちのセブン‐イレブンは、「街《まち》の本《ほん》屋《や》さん」でいたいと考《かんが》えています。

「街《まち》の本屋《ほんや》さん」というのは、最初《さいしょ》の本《ほん》と出合《であ》うきっかけをみなさんに提案《ていあん》できる場所《ばしょ》でありたいという願《ねが》いからです。この場所《ばしょ》をきっかけに好《す》きな本《ほん》を発見《はっけん》したら、セブンネットショッピングで検索《けんさく》をし、注文《ちゅうもん》した本《ほん》を自宅《じたく》やセブン‐イレブンで受《う》け取《と》ることができる。それが、私《わたし》たちが目指《めざ》している「街《まち》の本屋《ほんや》さん」の理想形《りそうけい》です。

本《ほん》を読《よ》んで、新《あたら》しいことを知《し》ることは、勉強《べんきょう》という意味《いみ》だけでなく、みなさんの心《こころ》をやわらかく豊《ゆた》かにし、広《ひろ》い視野《しや》を育《そだ》てくれます。たくさんの小説《しょうせつ》やまんが、図鑑《ずかん》、雑誌《ざっし》などの出版《しゅっぱん》物《ぶつ》が世《よ》の中《なか》にあることは、実《じつ》は平和《へいわ》の象徴《しょうちょう》で、日本《にほん》という国《くに》がとてもすばらしい国《くに》である証拠《しょうこ》でもあるのです。

私《わたし》たちは「街《まち》の本屋《ほんや》さん」として、本《ほん》を好《す》きになるきっかけをみなさんに提案《ていあん》できたらすてきだなと考《かんが》えています。この「街《まち》の本屋《ほんや》さん」も、みなさんの声《こえ》を参考《さんこう》にしながらどんどん成長《せいちょう》させていきたいと考《かんが》えています。

みなさんへのメッセージ

『こども お金《かね》の教科書《きょうかしょ》』では、お金《かね》の意味《いみ》や支払《しはら》い方《かた》などをさまざまな人《ひと》が教《おし》えてくれていますが、「お買《か》い物《もの》は新《あたら》しい発《はっ》見《けん》や楽《たの》しみがある」ことが大切《たいせつ》です。そのためには、信頼《しんらい》できるお店《みせ》や会社《かいしゃ》から、「良質《りょうしつ》な商品《しょうひん》」を「適正《てきせい》な値段《ねだん》」で購入《こうにゅう》することが大切《たいせつ》です。もちろん値段《ねだん》の比較《ひかく》も大切《たいせつ》なことですが、本来《ほんらい》お買《か》い物《もの》に使《つか》うお金《かね》には限度《げんど》があります。賢《かしこ》くお買《か》い物《もの》するためには、お買《か》い物《もの》をする時《とき》、「欲《ほ》しい」という気持《きも》ちの中《なか》に新《あたら》しい発見《はっけん》や楽《たの》しみがあるかを考《かんが》えてみてください。

そして、お金《かね》には使《つか》える限度《げんど》があることを考《かんが》えながら、「nanaco《ナナコ》カード」などのポイントサービスを上手《じょうず》に活用《かつよう》してください。これは、みなさんの方《ほう》がひょっとしたら大人《おとな》たちよりも早《はや》く使《つか》いこなせてしまうかもしれませんね。

お買《か》い物《もの》という体験《たいけん》は積《つ》み重《かさ》ねていくことで、大人《おとな》になってお金《かね》をかせぐようになり、実際《じっさい》にお金《かね》を使《つか》う時《とき》に必要《ひつよう》とされる金銭感覚《きんせんかんかく》を育《そだ》てているのです。安《やす》いから、たくさんあるから、お得《とく》だからという価値観以上《かちかんいじょう》のことを、お買《か》い物《もの》を通《とお》して学《まな》んでほしいです。

セブン-イレブンは、みなさんの近《ちか》くにあって、便利《べんり》で、信頼《しんらい》という心《こころ》の距離《きょり》も近《ちか》く、安心《あんしん》してお買《か》い物《もの》ができる場所《ばしょ》でありたいと願《ねが》っています。

また、「nanaco《ナナコ》カード」は、ポイントを上手《じょうず》にためて、そして賢《かしこ》く管理《かんり》する方法《ほうほう》を大人《おとな》にも、子《こ》どもにも提案《ていあん》しています。子《こ》どもたちみんなの成長《せいちょう》に合《あ》わせて、お買《か》い物《もの》ができる場所《ばしょ》であるために「安心《あんしん》」「安全《あんぜん》」をテーマにし、みなさんの暮《く》らしに寄《よ》りそっていけるようにがんばります。

「トワnanaco《ナナコ》カード」

この本《ほん》のイラストでも大活躍《だいかつやく》をしている「朝日小学生新聞《あさひしょうがくせいしんぶん》」連載《れんさい》『永遠物語《とわものがたり》』のキャラクターのオリジナル「トワnanaco《ナナコ》カード」が、※特別付録《とくべつふろく》（限定数《げんていすう》）としてついています。これは、この本《ほん》を読《よ》んだみなさんに、「近《ちか》くて便利《べんり》」「街《まち》の本屋《ほんや》さん」を実際《じっさい》に体感《たいかん》してもらうためのものです。セブンネットショッピングには、みなさんが興味《きょうみ》のある本《ほん》との出《で》合《あ》いやきっかけが必《かなら》ずありますから、ぜひ、お父《とう》さんやお母《かあ》さんと一緒《いっしょ》に「トワnanaco《ナナコ》カード」を使《つか》ってお買《か》い物《もの》をして、家《いえ》の近《ちか》くのセブン‐イレブンで受《う》け取《と》ってみてください。その本《ほん》を引《ひ》き取《と》りにいくと、「トワnanaco《ナナコ》カード」にはポイントが付《つ》き、そのポイントで、初《はじ》めての電子《でんし》マネーでのお買《か》い物《もの》もできるようになります。受《う》け取《と》ったレシートには、今《いま》、何《なん》ポイントあるのかがわかるようになっています。「次《つぎ》に本《ほん》を買《か》う時《とき》には、どうやってポイントをためようか」などと、将来《しょうらい》のことを考《かんが》えることは、お金《かね》の勉強《べんきょう》として一番大切《いちばんたいせつ》な計画《けいかく》

※セブンネットショッピング限定版「こどもお金の教科書」のみ特別付録「トワnanacoカード」付きとなります。ご了承ください。

性《せい》が育《そだ》つにちがいありません。

「nanaco《ナナコ》カード」を持《も》っているみんなは私《わたし》たちセブン‐イレブンの友《とも》だちです。もしも、困《こま》ったことやこわいことがあった時《とき》にはいつでもかけこんでください。

そして、毎日《まいにち》のお買《か》い物《もの》の中《なか》で「こういうものがあってほしい」と思《おも》ったことは、お店《みせ》の人《ひと》にぜひ伝《つた》えてください。私《わたし》たちは、みなさんの声《こえ》を聞《き》いて、もっと便利《べんり》な商品《しょうひん》を、喜《よろこ》んでもらえることを考《かんが》えていたいからです。

初《はじ》めてのことを体験《たいけん》できる、一緒《いっしょ》に成長《せいちょう》していくことのできるセブン‐イレブンでいます。「近《ちか》くて便利《べんり》」「街《まち》の本屋《ほんや》さん」きっかけと、新《あたら》しい発見《はっけん》がいつもみなさんに提案《ていあん》ができるようにがんばります。

みなさんと心《こころ》が近《ちか》いセブン‐イレブンで楽《たの》しいお買《か》い物《もの》をして、楽《たの》しく元気《げんき》にお金《かね》のことを勉強《べんきょう》してください。

まとめ

お客《きゃく》さんが便利《べんり》に、嬉《うれ》しい気持《きも》ちでお買《か》い物《もの》できることを第一《だいいち》に考《かんが》えた結果《けっか》、「nanaco《ナナコ》カード」とセブンネットショッピングは生《う》まれたんだ。まさに今《いま》の時代《じだい》に合《あ》ったお買《か》い物《もの》の手段《しゅだん》の一《ひと》つと言《い》えるね！

セブン－イレブンは街《まち》にあるお店《みせ》とネット店《てん》とで上手《うま》く連携《れんけい》して、お客《きゃく》さんの快適《かいてき》なお買《か》い物環境《ものかんきょう》を様々《さまざま》な方法《ほうほう》で叶《かな》えてくれているのね。

nanaco《ナナコ》は電子《でんし》マネーとして便利《べんり》にお買《か》い物《もの》できることはもちろん、また、買《か》った金額《きんがく》に応《おう》じてポイントが貯《た》まって、そのポイントでいろいろなサービスを受《う》けられる。また、これまでのお買《か》い物《もの》の履歴《りれき》も見《み》られるから、管理《かんり》という面《めん》でも優《すぐ》れていると言《い》えるわ。

第《だい》4章《しょう》

パパが君《きみ》たちに伝《つた》えたいこと

お話《はなし》を聞《き》いた人《ひと》

ゴールドマン・サックス証券株式会社《しょうけんかぶしきがいしゃ》

証券《しょうけん》部門《ぶもん》金融商品《きんゆうしょうひん》開発《かいはつ》本部長《ほんぶちょう》マネージング・ディレクター

磯野《いその》　信太郎《しんたろう》さん

バンクオブアメリカ・メリルリンチ

債券《さいけん》営業《えいぎょう》本部長《ほんぶちょう》マネージングディレクター

岡本《おかもと》　壮司《そうし》さん

こばやし　てるひろ

磯野信太郎《いそのしんたろう》（ゴールドマン・サックス証券株式会社《しょうけんかぶしきがいしゃ》、以下《いか》I《アイ》）
岡本壮司《おかもとそうし》（バンクオブアメリカ・メリルリンチ、以下《いか》O《オー》）
こばやしてるひろ（以下《いか》T《ティー》）

パパが君《きみ》たちに伝《つた》えたいこと

T《ティー》　今日《きょう》は、3人《にん》のパパ友《とも》で一緒《いっしょ》に伝《つた》えたいことを考《かんが》えようと集《あつ》まってもらったんだ。

まず、自己紹介《じこしょうかい》から。ぼくは、こばやしてるひろ。童話作家《どうわさっか》であり、原作《げんさく》や企画《かく》を考《かんが》える仕事《しごと》をしています。また、家業《かぎょう》である神主《かんぬし》・風水《ふうすい》の仕事《しごと》を父親《ちちおや》であるDr《ドクター》．コパと一緒《いっしょ》に行《おこな》っています。

I《アイ》　ぼくは「ゴールドマン・サックス」というアメリカの証券会社《しょうけんがいしゃ》につとめています。

O《オー》　ぼくは「バンクオブアメリカ・メリルリンチ」というアメリカの会社《かいしゃ》につとめています。

T《ティー》　ぼくたちは大学《だいがく》も育《そだ》った環境《かんきょう》もちがうけれど、社会人《しゃかいじん》になった時《とき》に共通《きょうつう》の知《し》り合《あ》いを通《つう》じて仲良《なかよ》くなったんだよね。

I《アイ》　もう15年以上《ねんいじょう》だね。一時期《いちじき》は毎週末《まいしゅうまつ》に会《あ》っていた。

O《オー》　みんな親《おや》になったし、仕事《しごと》の責任《せきにん》も出《で》てきて、それぞれ本当《ほんとう》によくがんばっているなぁって思《おも》うよ。

T《ティー》 年齢《ねんれい》を経《へ》て、初《はじ》めて触《ふ》れ合《あ》うことって多《おお》くて、その一例《いちれい》が、今回《こんかい》のテーマである「お金《かね》のことを子《こ》どもにどう伝《つた》えるか?」ってことなんだよね。

みんなは子《こ》どもたちにお金《かね》のことってどう伝《つた》えている?

I《アイ》 それはとても難《むずか》しいよね。「お金《かね》って何《なに》か?」というのは、イタズラをしてしかった時《とき》にしかまじめに説明《せつめい》できないものかもしれない。

O《オー》 やっぱりお金《かね》をかせぐ大変《たいへん》さっていうのを言葉《ことば》で説明《せつめい》するのは本当《ほんとう》に難《むずか》しいことだよね。子《こ》どものころから勤勉《きんべん》であることの大切《たいせつ》さを教《おし》えているつもりだけど、日本《にほん》では子《こ》どもが働《はたら》くことはないからね。

それに、電子《でんし》マネーの登場《とうじょう》も大《おお》きいと思《おも》う。小銭《こぜに》じゃなく、お札《さつ》じゃないっていうことは、下手《へた》をするとゲーム感覚《かんかく》になってしまう。親切《しんせつ》で、簡単《かんたん》ではあるけれど、使《つか》い方《かた》をまちがえると成長《せいちょう》の役《やく》には立《た》たないから。

T《ティー》 だからこの教科書《きょうかしょ》では、電子《でんし》マネーってどういうものか、どう使《つか》えばどんなふうになるのかを、最前線《さいぜんせん》にいる人《ひと》から聞《き》いているんだよ。

I《アイ》 よく考《かんが》えたら、小銭《こぜに》はなくなっていくよね。電子《でんし》マネーがもっと普《ふ》及《きゅう》するのはまちがいないだろうし。

T《ティー》　日本《にほん》は現金《げんきん》での取引《とりひき》が多《おお》いから小銭《こぜに》がなくなることはないけど、そもそもが、電子《でんし》マネーは小銭《こぜに》が重《おも》たいのを解消《かいしょう》しようっていう善意《ぜんい》から生《う》まれている。小銭《こぜに》を減《へ》らすのはまちがいないと思《おも》う。クレジットカードも、お金《かね》の歴史《れきし》も、もっと便利《べんり》にしてつながりやすくしようというのが根底《こんてい》にあるから。

O《オー》　そうだね。だからこそ「ピッ」という簡単《かんたん》な決済《けっさい》の意味《いみ》や役割《やくわり》を子《こ》どもには伝《つた》えたいし、きちんと一緒《いっしょ》に考《かんが》えたいと思《おも》う。やっぱりお金《かね》のことって大切《たいせつ》だし、お金《かね》をかせぐことは正《ただ》しいことなんだから。上《うえ》から目線《めせん》で子《こ》どもに教《おし》えてどうにかなるものではないね。

T《ティー》　取材《しゅざい》をして考《かんが》えたことは、お金《かね》を肌《はだ》で感《かん》じることの大切《たいせつ》さ。ほら昔《むかし》、貯金《ちょきん》箱《ばこ》ってあったでしょ。おこづかいをもらい始《はじ》めたのは、たぶん3年生《ねんせい》ぐらいだと思《おも》うけど、1年《ねん》たったら取《と》り出《だ》してどのくらいたまったか楽《たの》しみにしてた。

O《オー》　今《いま》、貯金箱《ちょきんばこ》を子《こ》どもに渡《わた》していないなぁ。

I《アイ》　うちは渡《わた》しているよ！

O《オー》　えっ本当《ほんとう》？　うちでもやろう。

T《ティー》　お金《かね》がたまると重《おも》みがあるって体験《たいけん》できるのは正《ただ》しいし、小銭《こぜに》を使《つか》って計算《けいさん》をしたり、暗算《あんざん》をしたりすることは頭《あたま》の回転数《かいてんすう》を上《あ》げる訓練《くんれん》にもなるよね。

O《オー》 貯金箱《ちょきんばこ》にお金《かね》をためるって忘《わす》れていたことなのかもしれない。一緒《いっしょ》にためるのもきっと楽《たの》しいね。

T《ティー》 お父《とう》さんは500円玉《えんだま》、子《こ》どもは10円玉《えんだま》、お母《かあ》さんは50円玉《えんだま》、100円玉《えんだま》は3人《にん》が一緒《いっしょ》に外《そと》から帰《かえ》ってきた日《ひ》に入《い》れるなどと決《き》めると、推理《すいり》ゲームみたいだし、おもしろいかも。

じゃ、まず3人《にん》で決《き》める「子《こ》どもに伝《つた》えたいこと第《だい》1条《じょう》」は、「小銭《こぜに》を貯金箱《ちょきんばこ》に入《い》れてお金《かね》の重《おも》さを感《かん》じよう」に決《けっ》定《てい》！

● 3人《にん》のパパが伝《つた》えにくくて困《こま》っていることは？

I《アイ》 おこづかいもそうだけど、お年玉《としだま》はどう使《つか》ってた？

T《ティー》 すぐ使《つか》い切《き》っていたなぁ。貯金《ちょきん》とか考《かんが》えなかった。それで後《あと》からもっと欲《ほ》しいものが出《で》てきて、必死《ひっし》に「お手伝《てつだ》い大《だい》作戦《さくせん》」とかがんばって買《か》ってもらう交渉《こうしょう》をしたのを覚《おぼ》えてる。

O《オー》 それぞれ、あるよね。次《つぎ》の年《とし》から少《すこ》しずつ知恵《ちえ》をつけて、貯金《ちょきん》もし始《はじ》めるとかね。結局《けっきょく》お金《かね》ってトライ&《アンド》エラーで覚《おぼ》えていくのかもしれない。

大人《おとな》になってもかせぎと支払《しはら》いのバランスをとるのは難《むずか》しいし、計算《けいさん》しつくして完璧《かんぺき》にできている人《ひと》は少《すく》ないよね。社《しゃ》会人《かいじん》1年目《ねんめ》なんて少《すく》なくてもギリギリだった。

【トライ&エラー】トライ&エラー　試行錯誤すること

T《ティー》　急《きゅう》にやれることが増《ふ》えるしね。やりたいこともたくさんあったから。話《はなし》をもどすけどおこづかいっていつごろからもらっていたか覚《おぼ》えている？

I《アイ》　3年生《ねんせい》ぐらいからおこづかいをもらっていたけど、昔《むかし》の子《こ》どもも、今《いま》の子《こ》どもも変《か》わらないと思《おも》う。「自分《じぶん》でかせいだわけでもないから重《おも》みを知《し》れ！」っていう方《ほう》が無理《むり》があるとも思《おも》うし。

T《ティー》　ぼくたちの子《こ》どものころ。たぶん今《いま》もそうだけど、お金《かね》のことを言《い》いすぎたり、考《かんが》えすぎたりすると下品《げひん》だとか、あまり良《よ》いことではないという雰囲気《ふんいき》が日《に》本《ほん》にはあったと思《おも》うんだよね。きっと今《いま》はもう少《すく》なくなっているけど残《のこ》っていると思《おも》う。

I《アイ》　ぼくが子《こ》どもの時《とき》にはあったな。

O《オー》　えっ。うちはなかったな。子《こ》どものころは海外《かいがい》に住《す》んでいたから。でも、確《たし》かに日本《にほん》にはそんな雰囲気《ふんいき》があると思《おも》う。

T《ティー》　なんとなく感《かん》じたこと、絶対《ぜったい》あるよね。

I《アイ》　でもそれは絶対《ぜったい》ちがうよね。お金《かね》をかせぐことができるから、一家《いっか》が安全《あんぜん》に、そして、楽《たの》しく過《す》ごせるわけだし。

O《オー》　本当《ほんとう》にそうだね。お金《かね》に興味《きょうみ》を持《も》ってトライ&《アンド》エラーをしながら使《つか》い方《かた》を学《まな》ぶ機会《きかい》を作《つく》ってあげないとダメだ。知《し》っているのと知《し》らないのでは大《おお》きな差《さ》ができる。

I《アイ》 つい「使《つか》い方《かた》!」とか教《おし》え始《はじ》めると、「せこい」とか小《ちい》さな感《かん》じになっていっちゃいそうで心配《しんぱい》だな。なぜかすぐに小《ちい》さくまとまるくせがあるから。そうすると「朝日小学生新聞《あさひしょうがくせいしんぶん》」の企画《きかく》で登場《とうじょう》した電気自動車会社《でんきじどうしゃがいしゃ》テスラモーターズのイーロン・マスクみたいな偉人《いじん》は絶対《ぜったい》に出《で》てこない。

O《オー》 それもいやだね。

T《ティー》 そこは親《おや》として、子《こ》どもと夢《ゆめ》の値段《ねだん》を考《かんが》えたらいいんじゃない？ 無茶《むちゃ》をする、むだに攻撃的《こうげきてき》な金銭感覚《きんせんかんかく》に育《そだ》てても仕方《しかた》がないし。

じゃあ、3人《にん》で決《き》める「子《こ》どもに伝《つた》えたいこと第《だい》2条《じょう》」は、「お金《かね》に興味《きょうみ》を持《も》ち、一生懸命《いっしょうけんめい》かせぐのは立派《りっぱ》なこと！ 正《ただ》しいことだ」に決定《けってい》しようか。

● 日本《にほん》に生《う》まれたのは恵《めぐ》まれているよ

I《アイ》 ぼくたちの子《こ》どもは、日本《にほん》というお金《かね》の価値《かち》が安定《あんてい》していて、世界《せかい》でも有数《ゆうすう》の信用《しんよう》がある国《くに》に生《う》まれたってことは、とても幸運《こううん》なことだと思《おも》うんだよね。ぼくの仕事《しごと》で考《かんが》えると、お金《かね》の価値《かち》はそれぞれの国《くに》の信用《しんよう》にすべてがかかっている。こんなに恵《めぐ》まれた環境《かんきょう》はないと思《おも》うんだ。

T《ティー》　この教科書《きょうかしょ》の取材《しゅざい》で本当《ほんとう》にそう思《おも》うよ。

O《オー》　その幸運《こううん》を生《い》かして、子《こ》どものころからお金《かね》とのつきあい方《かた》に興味《きょうみ》を持《も》ってほしいよね。野球《やきゅう》やサッカーならすごくきれいなグラウンドが目《め》の前《まえ》にあって遊《あそ》び放題《ほうだい》という環境《かんきょう》に近《ちか》いのだから。無限《むげん》の可能性《かのうせい》があることにもっともっと自信《じしん》を持《も》ってほしい。

T《ティー》　すると、この教科書《きょうかしょ》の読者《どくしゃ》からすごい天才《てんさい》が出《で》てきちゃうかもね。

I《アイ》　それ最高《さいこう》だね。

O《オー》　お金《かね》のことを伝《つた》えるのは親子《おやこ》でも難《むずか》しいと思《おも》う。便利《べんり》になって使《つか》いやすい分《ぶん》、大切《たいせつ》な基本《きほん》の部分《ぶぶん》を親子《おやこ》で共有《きょうゆう》することは大切《たいせつ》だと思《おも》う。トライ&《アンド》エラーでお金《かね》との距離感《きょりかん》をつかめるように育《そだ》てていかないと。

T《ティー》　この教科書《きょうかしょ》では、お金《かね》の歴史《れきし》や進化《しんか》、ポイントカードやネットショッピングなどのことを子《こ》どもたちみんなと考《かんが》えているんだ。
最近《さいきん》のお手軽感《てがるかん》の良《よ》い面《めん》を引《ひ》き出《だ》すためにも、しっかりとしたルールや作法《さほう》みたいなマナーをもっと考《かんが》える機会《きかい》をどんどんこの教科書《きょうかしょ》から始《はじ》めていこうと決《き》めているんだ。

I《アイ》　それいいね！

O《オー》　役《やく》に立《た》つよね。すごくいい。

「ピッ!」って気軽《きがる》になるからこそ良《よ》い面《めん》もたくさんあるはずだし。

T《ティー》 そうだね、安全《あんぜん》だし、気軽《きがる》だし。ただ、大人《おとな》のぼくたちも使《つか》い始《はじ》めたばかりの技術《ぎじゅつ》を子《こ》どもと一緒《いっしょ》に使《つか》うわけだから、もっと距離感《きょりかん》を考《かんが》えることが大切《たいせつ》なんだと思《おも》うよ。モノがあふれているから、買《か》ったものを自分《じぶん》で評価《ひょうか》するのもありだね。電子《でんし》マネーと呼《よ》ばれるものは「目《め》に見《み》えないからこそわかりやすい、管理《かんり》しやすい」というのが特徴《とくちょう》なんだ。

I《アイ》 上限《じょうげん》が決《き》まっているしね。最初《さいしょ》は意《い》味不明《みふめい》なものを買《か》っちゃうんだろうな。

O《オー》 それは、自分《じぶん》たちも一緒《いっしょ》だったね。少《すこ》し離《はな》れた位置《いち》から見《み》るというか、トライ&《アンド》エラーをするにしても、ただしかられるだけとか、ただ慎重《しんちょう》になるとか、考《かんが》えものだよね。それはそれで困《こま》る。

I《アイ》 それだけでもダメだから。やっぱり難《むずか》しいことだけど、一緒《いっしょ》に考《かんが》えることなんだよと伝《つた》えることが大切《たいせつ》かもね。自分《じぶん》でかせぐ大変《たいへん》さは、いやでもいつか味《あじ》わうのだから。こわい思《おも》いをするくらいしかられることも大切《たいせつ》だけど、楽《たの》しみも教《おし》えてあげたいね。

T《ティー》 じゃあ、3人《にん》で決《き》める「子《こ》どもに伝《つた》えたいこと第《だい》3条《じょう》」は、「恵《めぐ》まれた環境《かんきょう》を生《い》かしてお金《かね》との距離感《きょりかん》を積極的《せっきょくてき》にトライ&《アンド》エラーしながら学《まな》ぼう!」に決《けっ》定《てい》。
最後《さいご》に、読者《どくしゃ》にメッセージを送《おく》ろう。

O《オー》　「夢《ゆめ》や目標《もくひょう》を持《も》ちなさい」って、学《がっ》校《こう》やいろいろなところでいわれると思《おも》うけど、実際《じっさい》あまり意識《いしき》したことはなかった。もちろん理想《りそう》はあったけど、その時々《ときどき》に全力《ぜんりょく》のガッツで乗《の》りこえようと思《おも》っていた。その気持《きも》ちで実《じつ》は今《いま》もこうやってがんばっている。だから、あまり難《むずか》しく考《かんが》えない方《ほう》がいい。実力《じつりょく》を発揮《はっき》できる状態《じょうたい》でいることの方《ほう》が大事《だいじ》だよ。そこには工夫《くふう》がもちろんいるけど。チャレンジすることが大切《たいせつ》なんだ。

T《ティー》　いきなり格言《かくげん》だ！　本当《ほんとう》にそう思《おも》う。

O《オー》　ぼくたちに共通《きょうつう》しているのは負《ま》けず嫌《ぎら》いということだね。

I《アイ》　打《う》たれ強《づよ》さでもある。せっかく良《よ》いものがあっても全部《ぜんぶ》はうまくいかない。その時《とき》に打《う》たれ強《づよ》い人《ひと》じゃないともたない。打《う》たれ強《づよ》い人《ひと》でいてほしいと思《おも》う。これも共通《きょうつう》してるんじゃない？

T《ティー》　どちらも大切《たいせつ》だ。自分《じぶん》の心《こころ》がけや、過《す》ごしてきた時間《じかん》が積《つ》み重《かさ》なってくるものだから、みんなには今《いま》から意識《いしき》してもらいたいところだね。ほかにあるかな？

O《オー》　とにかく自分《じぶん》を信《しん》じてほしいし、そのために父親《ちちおや》としてできることは全部《ぜんぶ》しようと思《おも》う。打《う》たれ強《づよ》さも子《こ》どものころに養《やしな》っていくことだと思《おも》うし、子《こ》ども時代《じだい》にできることを楽《たの》しんでほしい。

I《アイ》　みんなよくいわれると思《おも》うけれど、実《じつ》は大《おお》きな目標《もくひょう》と夢《ゆめ》をいきなり探《さが》せる人《ひと》は本当《ほんとう》に少《すく》ない。日本《にほん》は恵《めぐ》まれた環境《かんきょう》だから、その中《なか》で自分自身《じぶんじしん》のできることを増《ふ》やしたり、良《よ》いことを探《さが》したりすることが大切《たいせつ》。すでに恵《めぐ》まれた環境《かんきょう》にいる分《ぶん》すごく有利《ゆうり》だから、落《お》ち着《つ》いた方《ほう》がいい。特典《とくてん》は特典《とくてん》だって意識《いしき》しないと生《い》かせないから。

T《ティー》　ぼくは、負《ま》けず嫌《ぎら》いの本当《ほんとう》の意味《いみ》は、今《いま》は負《ま》けを認《みと》めても、長《なが》い目《め》で見《み》て最終的《さいしゅうてき》に思《おも》い通《どお》りにすることだと思《おも》っている。自分《じぶん》が負《ま》けた相手《あいて》の良《よ》いところを認《みと》めて、吸収《きゅうしゅう》して、自分《じぶん》をみがくことが大切《たいせつ》だし、自分《じぶん》を好《す》きでいることが大切《たいせつ》。良《よ》い意味《いみ》での負《ま》けず嫌《ぎら》いになってほしい。もちろんぼくたちも、そうありたいと思《おも》っている。そのためには、気長《きなが》で、気楽《きらく》でいることがコツ。

I《アイ》　わからないことはわからないって、上手《じょうず》に割《わ》り切《き》らないとね。

O《オー》　そして目《め》の前《まえ》の壁《かべ》を乗《の》りこえていってほしいね。それにしてもお金《かね》のことは大人《おとな》でも難《むずか》しい。みんなには積極的《せっきょくてき》に興味《きょうみ》を持《も》ってほしい。

T《ティー》　どうもありがとう。この続《つづ》きはこれからも一緒《いっしょ》に行動《こうどう》していく中《なか》で形《かたち》にしようよ。負《ま》けず嫌《ぎら》いな三人組《さんにんぐみ》で。
『こども　お金《かね》の教科書《きょうかしょ》』にパパからの三《みっ》つの提言《ていげん》を作《つく》ることができました。3人《にん》のパパとして三《みっ》つの提言《ていげん》をみんなと共有《きょうゆう》したいと思《おも》います。一緒《いっしょ》にたくさん笑《わら》って、おこって、泣《な》いて、学《まな》んでいこう。忘《わす》れないで、パパたちも全部《ぜんぶ》わかっていないから一緒《いっしょ》に考《かんが》えようって思《おも》ってることを。

※2016年《ねん》10月《がつ》14日《にち》、都内《とない》ホテルにて行《おこな》われた対談《たいだん》をもとに編集《へんしゅう》しました。

伝《つた》えたいこと三《さん》か条《じょう》

1 小銭《こぜに》を貯金箱《ちょきんばこ》に入《い》れてお金《かね》の重《おも》さを感《かん》じよう

2 お金《かね》に興味《きょうみ》を持《も》ち、一生懸命《いっしょうけんめい》かせぐのは立派《りっぱ》なこと！　正《ただ》しいことだ

3 恵《めぐ》まれた環境《かんきょう》を生《い》かしてお金《かね》との距離感《きょりかん》を積極的《せっきょくてき》にトライ&《アンド》エラーしながら学《まな》ぼう！

あとがき

冒頭《ぼうとう》「はじめに」の中《なか》に、「切磋琢磨《せっさたくま》」という言葉《ことば》を使《つか》いました。これは「お金《かね》」は、もともと金《きん》・銀《ぎん》・銅《どう》などの貴金属《ききんぞく》や宝石《ほうせき》などが大《おお》きな役割《やくわり》を果《は》たしていたからです。

それらは、「切磋琢磨《せっさたくま》」つまり、大《おお》まかな形《かたち》を決《き》めるために「切《き》る」、形《かたち》を整《ととの》えるために「こする」「うつ」、きれいに仕上《しあ》げるために「みがく」という工程《こうてい》を通《とお》して、より価値《かち》が高《たか》くなります。「切磋琢磨《せっさたくま》」をすることで、より価値《かち》が上《あ》がるものを「お金《かね》」として大切《たいせつ》にあつかってきたのです。

その「お金《かね》」はどんどん進歩《しんぽ》して、「見《み》えるお金《かね》」と「見《み》えないお金《かね》」に進化《しんか》したことを学《まな》びました。そして、どんなに「お金《かね》」が進化《しんか》しても、使《つか》う側《がわ》の「切磋琢磨《せっさたくま》」が足《た》りないと、上手《じょうず》につきあうことも、生《い》かすこともできないことを知《し》りました。「お金《かね》」に興味《きょうみ》を持《も》つきっかけを作《つく》り、お金《かね》と上手《じょうず》につきあえるようになるには、大人《おとな》にも子《こ》どもにも、よく学《まな》ぶ「切磋琢《せっさたく》磨《ま》」が必要《ひつよう》だということがわかりました。

あとがき

そして、「切磋琢磨《せっさたくま》」をするために大切《たいせつ》な武器《ぶき》は、「温故知新《おんこちしん》」という言葉《ことば》です。忘《わす》れていたり、当然《とうぜん》だと思《おも》っていたりした古《ふる》いことがらから、新《あたら》しいことを予測《よそく》したり、より良《よ》いものにしたりすることを学《まな》ぶという言葉《ことば》です。

この『こども お金《かね》の教科書《きょうかしょ》』は、「切磋琢磨《せっさたくま》」と「温故知新《おんこちしん》」の二《ふた》つの言葉《ことば》をふまえながら書《か》きました。

最後《さいご》に「寄付《きふ》」について書《か》きます。日本《にほん》では多《おお》くの災害《さいがい》が起《お》き、そのたびに募金《ぼきん》の機会《きかい》が増《ふ》えました。これはみんなの気持《きも》ちを表現《ひょうげん》する機会《きかい》です。最初《さいしょ》にみんなに紹介《しょうかい》した動画《どうが》を思《おも》い出《だ》してください。たった1枚《まい》のコインが、たくさんの人《ひと》の心《こころ》を動《うご》かすことがあるのです。なぜならそのコインには、温《あたた》かな「気《き》持《も》ち」が入《はい》っているからです。その気持《きも》ちは、「すてきな未来《みらい》が見《み》てみたい」という願《ねが》いのコインです。

目《め》を閉《と》じて、すてきな未来《みらい》を想像《そうぞう》してください。それが楽《たの》しい気持《きも》ちになれるものなら、ポケットの中《なか》やお父《とう》さんやお母《かあ》さんからもらったコインを1枚寄付《まいきふ》してみましょう。それは、世界《せかい》を変《か》えるみんなからの応援《おうえん》になります。

「お金《かね》」には、とても簡単《かんたん》なリトマス試験紙《しけんし》がついています。

それで何《なに》がわかるかというと、お金《かね》を使《つか》う人《ひと》が「どう行動《こうどう》するか」「どんな考《かんが》えからか」「何《なに》に満足《まんぞく》するか」という三《みっ》つの問《と》いです。この三《みっ》つの問《と》いの答《こた》え合《あ》わせをしながら、お金《かね》を交換《こうかん》し、実《じつ》は世界《せかい》は回《まわ》っています。

この『こども お金《かね》の教科書《きょうかしょ》』で学《まな》んだことは、みんなと最《さい》後《ご》にリトマス試験紙《しけんし》で実験《じっけん》するためにあります。まずは、興味《きょうみ》を持《も》って、トライ&《アンド》エラーをしながらこの三《みっ》つの答《こた》えを自分《じぶん》の中《なか》で育《そだ》ててください。

「お金《かね》」は、世界《せかい》をつなぐ共通《きょうつう》の言葉《ことば》であり、道具《どうぐ》です。この道具《どうぐ》を使《つか》ったら何《なに》ができるだろう？ それは小《ちい》さなコイン1枚《まい》から始《はじ》まります。お金《かね》はがんばり屋《や》で、「切磋琢磨《せっさたくま》」をして進歩《しんぽ》していきます。ぼくたちも一緒《いっしょ》にがんばりましょう！「お金《かね》」に対《たい》する興味《きょうみ》と学《まな》ぶ心《こころ》が芽生《めば》えることを願《ねが》っています。

あとがきまで読《よ》み終《お》わったら、またこの二《ふた》つの言葉《ことば》を思《おも》い出《だ》しながら読《よ》み返《かえ》してください。くり返《かえ》すことが大事《だいじ》ですから。

最後《さいご》にこの本《ほん》のために、たくさんの想《おも》いと時間《じかん》と「お金《かね》」を使《つか》ってくれたみなさまに心《こころ》から感謝《かんしゃ》をいたします。では、みんな「またね」。

2016年《ねん》12月《がつ》30日《にち》

こばやしてるひろ

ぬりえ

本《ほん》を案内《あんない》してくれたお友《とも》だちだよ！

永《と》遠《わ》物《もの》語《がたり》

ケド

みんなの耳《みみ》の上《うえ》にいて、泣《な》いたりしながらも、大切《たいせつ》なことを知《し》らせてくれるキツネに似《に》ているお友《とも》だち。

トワ

デモとケドの大親友《だいしんゆう》。オオカミによく似《に》た女《おんな》の子《こ》。友《とも》だち想《おも》いのやさしい子《こ》。

デモ

みんなの耳《みみ》の上《うえ》にいて、楽《たの》しいことを教《おし》えてくれるタヌキに似《に》ているお友《とも》だち。

【永《と》遠《わ》物《もの》語《がたり》】
2016年《ねん》4月《がつ》4日《か》より朝《あさ》日《ひ》小学生《しょうがくせい》新聞《しんぶん》「大型《おおがた》絵《え》本《ほん》」に連載《れんさい》。全《ぜん》23話《わ》。
トワ、デモ、ケドを中心《ちゅうしん》に野菜《やさい》のキャラクターたちと出会《であ》い、成長《せいちょう》していくお話《はなし》です。

こばやしてるひろ

1978年生まれ。東京学芸大学附属世田谷小学校卒業。日本大学生産工学部建築工学科卒業。「株式会社かます東京」代表取締役。企画代理業を営む一方、Ｄｒ．コパの長男として父の執筆と活動を支える。2013年、『おひさまとらき』（講談社）で童話作家デビュー。15年４月、ＮＨＫ「みんなのうた」で「つもりやもり」の楽曲と絵本『つもりやもり』（ＮＨＫ出版）を同時発表。16年４月～９月、「朝日小学生新聞」で大型絵本「永遠物語」を連載。

「ぼくと わたしの教科書《きょうかしょ》アプリ」始《はじ》めました

この「こども お金《かね》の教科書《きょうかしょ》」が生《う》まれた記念《きねん》として、みんなのお手伝《てつだ》いをするお友《とも》だち「ぼくと　わたしの教科書《きょうかしょ》アプリ」を発表予定《はっぴょうよてい》です。どんどんニュースや課題《かだい》を発表《はっぴょう》していきますから、お父《とう》さんお母《かあ》さんのスマートフォンやみんなのスマートフォンにダウンロードしてみてください。

こども　お金の教科書

2016年12月26日　初版第1刷発行
2017年 4 月 1 日　第2刷発行

著者
こばやしてるひろ

イラスト
あやあこ

発行者
植田幸司

編集
平松利津子

装丁
戸塚亜希子（株式会社はちどり）

編集協力
橋本新（米国公認会計士）
濵田昌子（ビザ・ワールドワイド・ジャパン株式会社）
加藤明子（ビザ・ワールドワイド・ジャパン株式会社）
今田和成（ビザ・ワールドワイド・ジャパン株式会社）
木下直樹（モバイルＮＦＣ協議会）
横山一芳（株式会社セブン・カードサービス）
高橋健太郎（株式会社セブン・カードサービス）
石橋誠一郎（株式会社セブン‐イレブン・ジャパン、株式会社セブンネットショッピング）
磯前史子（株式会社セブンネットショッピング）
伊藤真由美（株式会社セブン＆アイホールディングス）
磯野信太郎（ゴールドマン・サックス証券株式会社）
岡本壮司（バンクオブアメリカ・メリルリンチ）
Ｄｒ．コパ
石野侑沙（株式会社かます東京）
沖井剛（株式会社かます東京）
清田哲（朝日学生新聞社）

発行所
朝日学生新聞社
〒104・8433　東京都中央区築地５－３－２　朝日新聞社新館９階
電話　03・3545・5227（販売部）
　　　03・3534・5436（出版部）
http://www.asagaku.jp　（朝日学生新聞社の出版案内など）
印刷所
株式会社平河工業社

ISBN 978-4-907150-99-0